MEMORIAS
DE UN
MISERABLE

MEMORIAS DE UN MISERABLE

HIRAM DORADO

Número de Control de la Biblioteca del Congreso de EE. UU.:   2020911862
ISBN: Tapa Dura   978-1-5065-3320-9
               Tapa Blanda   978-1-5065-3322-3
               Libro Electrónico   978-1-5065-3321-6

Para realizar pedidos de este libro, contacte con:
Palibrio
1663 Liberty Drive, Suite 200
Bloomington, IN 47403
Gratis desde EE. UU. al 877.407.5847
Gratis desde México al 01.800.288.2243
Gratis desde España al 900.866.949
Desde otro país al +1.812.671.9757
Fax: 01.812.355.1576
ventas@palibrio.com
815145

ÍNDICE

Esta serie de encuentros entre Soledad, Hiram y otros personajes son experiencias que pudo haber tenido cualquier otra persona. Son lecciones que todos podemos aprender después de tomar en cuenta las experiencias que tuvimos con las relaciones, las amistades y hasta con nuestra propia familia. Puedo decir que esta obra es la continuación del libro *Relaciones*; ahora comparto lo bueno y lo malo de mis propios encuentros y la manera en que todo se vuelve indispensable para el crecimiento personal. Es como haber expuesto la teoría acerca de las relaciones en el último libro, mientras que aquí se expone la aplicación.

Aunque preferí no asociar ningún nombre en particular durante cada encuentro o para cada experiencia que tuve durante cierto tiempo (o durante toda mi vida), para no causar daños a terceros, los personajes son reales. La intención de usar esas mismas conductas o sentimientos que los distinguieron individualmente como si hubieran sido sus nombres propios fue para que nos demos cuenta de la manera en que nuestra propia energía tiene gran influencia en los demás. Es muy importante para mí sugerir que todos nosotros seremos siempre reconocidos por los demás a través de nuestras propias actitudes y conductas; hablo de esa energía que se convierte en una identificación muy propia, como los calificativos que he usado para los personajes de mis memorias.

En cada personaje existe la posibilidad de identificarnos con alguien o con nosotros mismos y de ver de qué manera en frecuentes ocasiones hemos permitido que ciertas conductas o sentimientos tomaran el control de nuestras decisiones y cómo estas conductas han afectado negativamente nuestras relaciones con los demás.

El orden de los encuentros no está asociado al crecimiento de ninguna vida; todos pasamos por etapas muy parecidas, pero también muy diferentes de los demás. En muchas ocasiones, la vida nos lleva en un sube y baja de experiencias, y cuando pensamos que ya hemos aprendido bastante y que ya nos conocemos mejor es cuando nos viene otra tragedia; después de la tragedia, un romance o una enemistad, o viceversa, para después comenzar de nuevo con otra enseñanza que nos invita a seguir descubriéndonos.

Aunque todas estas experiencias las he hecho muy personales, no puedo apuntar el dedo hacia ciertas personas, porque ninguna de las experiencias aquí escritas puede tomarse subjetivamente, sino, más bien, escribir nombres diferentes nos hace pensar que la única forma en que todos podemos aprender y crecer es ver este mundo más objetivamente.

Qué conveniente sería si estas mismas memorias de un miserable nos sirvieran para enfrentar a nuestros propios monstruos. Y menciono el hecho de saber enfrentar nuestros propios monstruos porque en varios capítulos el encuentro no es necesariamente un enfrentamiento con una persona ajena sino, tal vez, una de mis luchas internas. Esta misma incógnita de no saber a quién me refiero se vuelve algo más interesante y única a su vez, porque el lector tiene la libertad de imaginarse o interpretar tales encuentros como una referencia a alguien más, o preguntarse si tal vez se está tratando de mi propia vida, batallando con ciertos monstruos.

El motivo de haber escrito estas memorias es continuar dándole esa importancia que merecen todos nuestros sentimientos para poder aceptarlos y entenderlos a través de la reflexión, ya que todas nuestras reacciones la mayoría de veces podrían ser controladas si tomáramos el tiempo de conocernos mejor, pero al no hacerlo seguiremos permitiendo que el temor, los prejuicios y las experiencias del pasado continúen fortificando murallas muy altas, que siguen limitando nuestro crecimiento y alimentando la forma tan negativa en la que convivimos con los demás. Con esto en mente, qué beneficioso sería que todos supiéramos aceptar, con transparencia, todos nuestros defectos, sin la necesidad de buscar excusas, para poder aprender cómo trabajar colectivamente en cultivar mejores relaciones para que nuestras vidas puedan proveer un mejor futuro para la siguiente generación.

Aunque el calificativo del título es algo fuerte para hablar de mi vida, de antemano les digo que no me considero una persona miserable. Entonces, ¿por qué decidí verme como un miserable? ¿Qué hace a una persona ser o sentirse miserable? No niego que la palabra puede ser algo repugnante para varias personas; la mayoría de las veces tomamos esta palabra como la expresión más apropiada para hablar de una extremada pobreza que una persona está pasando o sufriendo, ya sea por la falta de recursos económicos, por un sentimiento de desdicha, por la escasez de algo o hasta por el abandono de alguien.

En sí la palabra "miserable" hace referencia de alguien que merece o es digno de compasión por el grado de aflicción o lamentación que esta persona estuviera pasando. Aunque la mayoría de veces vemos esta palabra como sinónimo de una extremada pobreza o como referencia a alguien que es exageradamente tacaño, mi énfasis está en la condición desdichada, infeliz o abatida en que se puede encontrar la persona. Tal desdicha puede llevar a las personas a sentirse insignificantes, al punto de no importarles su propia vida y de abandonar toda forma de motivación o estímulo en sus vidas.

Existen muchos motivos diferentes que pueden llegar a oprimir la inspiración o el ánimo de la persona, al punto de llevarla al desánimo, a la miseria, al llanto y hasta al mismo sufrimiento. Pero por muy intenso que fuese ese desánimo, nunca debemos limitar a ninguna persona en la expresión de sus propios sentimientos, porque incluso con ese rechazo de nuestra parte podemos hacerla sentirse una persona miserable o muy infeliz. Ninguno de estos ha sido mi caso personal, pero he sentido la necesidad de usar estos términos para llegar a la realidad de nuestra condición como seres humanos.

Sin lugar a dudas, por ser tan desagradable, la palabra "miserable" se menciona muy poco y hasta hay personas que no desean escucharla, porque es una expresión algo deplorable para ellas. Tal vez hasta llegan a evitar usar esta palabra por el mismo temor de no encontrarse cara a cara con esa realidad miserable que tal vez han tratado de evitar, intentando esconderla detrás de lujos, hipocresías, pretensiones, el trabajo excesivo, modismos exagerados, estilos de vida extravagantes o a través de comparaciones y detrás de un sinnúmero de fantasías y conductas o ideas, con tal de no sentirse tan desdichadas. Sin ponerle más adornos a esta expresión, creo que podemos llegar a la conclusión de que la palabra "miseria" se puede volver una palabra muy humillante, indigna y bastante despreciable; tal vez por eso no queremos reconocer que hemos tratado de disfrazarla de diferentes formas, hasta con racismo, supremacía, soberbia y humillaciones hacia los demás.

Entonces, al reconocer las tantas veces que quizás hemos tratado de disfrazar esa palabra de una forma u otra, me pregunto si verdaderamente somos transparentes con nosotros mismos y no hemos evitado admitir que siempre ha existido cierta sensación de ser miserables en cada uno de nosotros o si, por sentirnos así, nos ha sido más conveniente echarles la culpa a aquel o a aquellos que no saben disfrazar su miserable condición.

Algunas veces he llegado a pensar que lo que verdaderamente sentimos por aquellos que no saben encubrir su estado de miseria se convierte simplemente en lástima y no en una genuina compasión hacia el prójimo, y pienso así porque nos hemos vuelto tan grandes actores que también hemos logrado lo contrario: es el hecho de disfrutar la manera en que hemos podido disfrazar nuestra propia miseria con actuaciones de víctima para causar diferentes niveles de lástima.

Y lo menciono porque he podido ver cómo ciertas personas han podido fingir un nivel de lástima muy bajo, con tal de chantajear a los demás y así adquirir cierto favor o cierto beneficio; esto se ve muy pronunciado entre culturas. Pero todo este juego se vuelve un afán, el de decir que sentimos esa extrema piedad hacia las personas, cuando en realidad lo que tratamos de hacer es encubrir nuestra misma condición desafortunada que a veces nos hace sentir que somos los más infelices y abatidos del mundo.

Y tal vez a cada uno de nosotros le es más fácil aceptar la palabra "pobreza" en lugar de tratar de entender lo que es realmente la miseria, porque hablar de miseria nos compromete a actuar, mientras que sentir pobreza nos llena de un falso calmante, pensando que pronto esa pobreza llegará a su final. Desgraciadamente, pensar así solamente está destruyendo más nuestra calidad de seres humanos, en vez de ayudarnos a ver nuestra propia realidad. Permítanme explicar por qué estoy recalcando esta idea una vez más: uno nunca puede dar lo que no tiene y esa es la condición del miserable, un miserable es una persona que no tiene los recursos para dar o darse a los demás. En cambio, el pobre es una persona que, aunque tenga muy poco y esté viviendo en cierta escasez, sigue dando de lo poco que tiene. Por tal motivo creo que deberíamos ser más honestos con nosotros mismos y saber si en verdad tenemos lo que estamos ofreciendo, ya sea amor, fidelidad, cariño, integridad, esperanza, comprensión, libertad, armonía, etc. Si verdaderamente no podemos dar algo, es simplemente porque no lo tenemos, y me estoy refiriendo a esa pretensión de dar amor, a esa falsa comprensión o esa aparente esperanza, etc. Todos podemos muy fácilmente fingir estar dando algo que no es real, pero todos, hasta el mismo ciego, pueden sentir que eso no existe en nosotros, menos nosotros mismos.

Para poder entender el verdadero significado de este trabajo, tendríamos que comenzar leyendo estas memorias con esa idea en mente, la de que la palabra "miserable" es aún más extensa de lo que podemos abarcar en esta nota.

Y no es nada absurdo pensar que las personas también llegan a ser miserables aun teniéndolo todo en la vida (o fingen al decir que lo tienen todo), pero por sus propias actitudes egoístas, inhumanas, mentirosas y deshonradas, solamente están encubriendo sus propias necesidades y su falta de amor hacia los demás, viviendo engañados al no querer ver las raíces de su antipatía y de su propia sequedad (o falta de algo en sus propias vidas), al punto de no darse cuenta del engaño en el que están viviendo. Y no me refiero a todas las personas, pero no tenemos que irnos muy lejos, ya que hemos visto que existen esos extremos de personas en la misma política, en la religión, en los medios sociales, que se han convertido en viles y despreciables (aun teniéndolo todo), ya que lo opuesto de ser miserables es ser generosos, dadivosos y desprendidos de todo lo que los puede atar a costumbres, hábitos y ciertas normas.

¿Pero acaso son esa clase de personas los únicos modelos de ser un miserable? ¡No!

Sinceramente creo que también existen personas miserables por vivir sujetas a ciertas normas de conducta o de conocimientos que las han llenado de arrogancia y las vuelven incapaces de cambiar o de ser más libres. Una vez más, me estoy refiriendo a esos extremos que pueden hacer que las personas se llenen de prejuicios. Y mi razón para llegar a esta conclusión es que tales personas no desean apreciar otra cosa diferente de lo que han vivido toda su vida, y es porque saben que, si les faltara esa atadura o sujeción que tanto valoran en ellas mismas, serían aún más infelices.

Por todo esto, pienso que la palabra "miserable" puede ser apropiada para muchas más personas de lo que nos imaginamos. Una persona que no es miserable es una persona llena de libertad y con una capacidad de amar incondicionalmente a todos y a todo, dispuesta para dar y seguir dando sin escatimar y sin exigir algún pago de regreso o esperar ciertos reconocimientos.

Ahora, mi pregunta en todo este escrito es si nos hacemos miserables (por iniciativa propia) o si nos volvemos miserables (por influencias externas). La pregunta es algo atrevida, porque debemos recordar que todos hemos llegado a este mundo sin nada y nos iremos de este mundo de igual manera, entonces mi pregunta no está tan desquiciada cuando pienso de qué manera el ser humano logra o llega a conocer la miseria en su propia vida. ¿Será acaso la soledad lo que nos ayuda a descubrirnos a nosotros mismos? ¿O es acaso nuestra propia consciencia la que nos atormenta, al punto de inducirnos a un autoexamen de valores personales? Pero si fuese la conciencia, ¿por qué muchas personas no pueden hacer conciencia a temprana edad, antes de llegar a la vejez? ¿O será que la miseria se descubre al darnos cuenta del vacío que existe dentro de todos nosotros? Y aunque todos cargamos dentro de nosotros cierto vacío, pocos podemos aceptar esa realidad. ¿O será posible que tal sentimiento de miseria sea necesario y este sentimiento solo venga a nosotros cuando ya estamos listos para verdaderamente darnos la tarea de conocernos a nosotros mismos sin pretensiones o pretextos, sin excusas y sin evasivas, sin justificaciones o disculpas? Yo diría que la miseria es el estado natural de nuestra desnudez, al darnos cuenta de que nunca fuimos lo que siempre habíamos fingido ser y al reconocer que desnudos nacimos y desnudos moriremos, porque todo lo demás es pasajero; entonces, nos volveremos más transparentes con nosotros mismos, porque nos habremos dado cuenta de nuestra miserable realidad, la cual es que nada nos pertenece y nada es permanente; por mucho que deseemos vestirnos (cubrir nuestras faltas), esa vestidura en algún momento dejará de existir.

Si una cosa detesto, es cómo la religión ha usado las Escrituras para beneficio de sus propia instituciones y cómo no sacan más profundidad y sustancia a lo que el Maestro nos dijo con sus enseñanzas. Un ejemplo es aquello a lo que se refería el Maestro al bendecir a "los pobres", en aquel versículo de Lucas 6:20, que dice: "Jesús miró a sus discípulos y les dijo: 'Bienaventurados ustedes los pobres, porque el reino de Dios les pertenece'". ¿Acaso vamos a seguir alimentado la idea de lo que significa ser pobre en términos comunes?

Nadie tiene la necesidad de seguir viviendo una ilusión o un fingimiento; hemos vivido con demasiadas actitudes para tratar de disfrazarnos a través de títulos, empleos, lujos, pretensiones, reconocimientos, lástima, temores, necesidades, etc., con tal de ocultar ese vacío que todos llevamos dentro. No habría ningún problema si vivir en ese engaño y sin esa transparencia fuera lo único que nos afectara, pero no es así: esa falta de transparencia nos ha vuelto más caprichosos, más manipuladores, más vanidosos, *y más miserables* (aunque no queramos reconocerlo).

Introducción: El encuentro

Soledad

Enlace: He llegado a darme cuenta de que nuestros encuentros con otras personas nunca ocurren por casualidad o por accidente. Las personas llegan a nuestras vidas por cierto tiempo y con un propósito que a veces es difícil de entender. Sin lugar a dudas, todos nuestros encuentros vienen para ayudarnos, probarnos, enseñarnos, guiarnos o hasta para desviarnos de nuestros objetivos cuando estamos por atravesar un cambio muy significativo en nuestras vidas.

Pero para que se pueda entender cómo surgió este encuentro tan significativo y todas las demás experiencias durante los siguientes seis dramas de mi vida, es conveniente dejar escrito que una de las cualidades que siempre me han distinguido de la mayoría de las personas es mi constante curiosidad por conocer un mundo diferente, así como la bendición —o, quizá, la maldición— de poseer una mente muy inquieta, muy observadora y muy investigadora para aquellas personas que no supieron lidiar conmigo (menciono esto sarcásticamente). Y es porque esta mente que yo poseo siempre ha tenido los mismos deseos de aprender cosas nuevas y buscar la superación, en una forma positiva, en todas las áreas de mi vida. Pero, así como todos tenemos cualidades buenas y malas, otra de mis cualidades —no tan buenas y que no han sido tan favorables para mí— es mi constante pasión y apego a la vida, con un deseo enorme de disfrutar mi libertad de ser, de pensar, actuar, soñar y de ser transparente, sin tener miedo a la crítica o al fracaso, al punto de enamorarme fácilmente de los momentos, de las personas, de los detalles y de la vida misma (tal vez comparándome con un perdido poeta o con el mismo pobre Don Quijote sobre el que escribió Cervantes, que siempre se la pasaba soñando con cosas imposibles, con esa pasión por querer cambiar el mundo).

Ahora bien, así como Don Quijote de La Mancha tuvo un fiel amigo que lo acompañó a todos lados, Sancho Panza, también yo tuve un encuentro con una mujer muy hermosa, que se me presentó inesperadamente; aunque tal vez no haya sido tan inesperadamente, porque después comprendí que ella solamente había estado esperando el momento oportuno para hacer más obvia su presencia. Después de haber disfrutado su presencia, ella siempre buscó la forma de permanecer a mi lado todo el tiempo.

¿Quién es Soledad?

Una vez, sentado en mi escritorio, mientras fumaba mi tabaco y tomaba una copa de vino, estuve muy inspirado para escribir varios poemas. Uno de esos poemas se llamó "Soledad". Los versos me habían quedado tan bien que semanas después regresé a leer el poema, solo para intrigarme aún más y pensar si en verdad no estaba yo hablado de una mujer real. Pero ese personaje que había nacido en mi imaginación comenzaba a producir su propia vida, a tal punto que yo empezaba a escuchar voces que no venían desde dentro de mí (o tal vez sí, pero parecían tan reales que siempre me hacían voltear la cabeza, pensando que alguien más estaba a mi lado). Al no poder entender lo que estaba pasando, solo me justificaba pensando que, como escritor, yo ya estaba viviendo un mundo extraño, por esos mismos personajes que nos pasamos creando en cada manuscrito.

Para poder entender mejor mi situación, quise repasar ese poema y ver si había existido algún mensaje del cual aún no me había dado cuenta.

"Mi Soledad"[1]

Una expresión que marca la inclinación de mi corazón

Soledad, ¿dónde está mi Soledad?
Aún no puedo recordar cuándo te conocí,
si fue por un engaño que te acercaste a mí
o por necesidad de buscar un amor en sí.

Pero ahora que he aprendido a quererte
te agradezco que de mí hayas hecho un bohemio,
aunque en ocasiones he preferido olvidarte,
ya que la tristeza junto a ti es tan grande que a veces tiemblo.

En ti he aprendido mis mejores talentos
y con paciencia me los has enseñado,
no obstante que, de mis peores defectos,
tampoco te has olvidado y bien me los has señalado.

Tú sabes que tu compañía bien la deseo
y que envidia me da cuando otros te tienen.
Pero tampoco niego
que mi paz no la tengo, cuando por ti me obsesiono.

---

[1] Poema tomado del libro *Poesías e ideas de un viejo*, Palibrio, 2018, p. 29.

Acaricio el tiempo cuando conversamos juntos.
Eres como el arrullo que todo bebé desea.
Lo turbio se vuelve cuando son solo tontos
los reproches que me atormentan al estar a tu lado.

Sé que el amarte a veces es un pecado,
por ser tan egoísta que me haces olvidar a todos.

Sin embargo, no oculto el desearte
porque solo en ti realmente me he encontrado.

Hermosos son tus ojos,
porque ellos encierran el misterio de tu compañía,
sin olvidar que tu corazón fácil se enfría
por lo exigente que eres de desear sola mi vida.

Eres sencilla, porque no aceptas regalos,
pero eres mala, porque no avisas en darlos.
Eres única, porque no necesitas detalles,
pero te sobran razones para llenarme de tales.

Mi Soledad, te amo y te aborrezco, tú bien lo sabes.
Solo tú puedes entenderme y ocultar bien mis secretos.

Solo tú ves en profundo cómo acusarme sin pretextos.
Solo tú, sarcástica y simple ironía, sabes desnudarme, sin
cuentos.

Mi Soledad, ¿qué más puedo decirte?
Aunque me lo pidieras, ya no sé cómo dejarte,

XXII

o será que has aprendido a enredarme
y ahora solo pretendo justificarte.

Pero no lo pude evitar; esa voz seguía jugando con mi mente. Entonces, decidido a no parar allí, me dispuse a seguir con el juego y preguntarme: ¿Y quién es esta mujer? ¿Qué función o papel tan importante juega ella en mi vida? ¿Y qué si, al final de toda mi vida, llego a darme cuenta de que siempre viví enamorado de alguien a quien nunca conocí? ¿Acaso estaré perdiendo la cabeza? ¿Acaso estaré empeorando mi salud mental?

—Bueno, ¿y si así fuera? ¡Eso de perder la cabeza ya era caso perdido para mí! —pensé, después de recordar todas esas sugerencias que habían sido el reclamo continuo de muchas personas cercanas a mí, al decirme que ya dejara de pensar tanto.

Meses después, volví a sentir esa misma presencia; yo sabía que era ella, la del poema. Nuevamente, me encontraba escribiendo a horas muy avanzadas de la noche, quizás eran pasadas las 3 de la mañana. Pero esta vez logré escuchar mi nombre:

—¡Hiram! —había mencionado mi nombre con una voz suave y muy tranquila.

Le contesté sin demora alguna, pero también pensé que, si iba a volverme loco, pues que fuera sin miedo, y así la llamé por ese mismo nombre que había puesto en el poema: —¿Soledad, quieres platicar un rato conmigo?

Entonces le di rienda suelta a mi imaginación y empecé a platicar como si realmente tuviera a alguien enfrente de mí.

—Soledad, ¿sabes por qué te escribí ese poema? Por el mismo recuerdo que tuve cuando tú llegaste a tocar las puertas de mi corazón, después de que yo experimentara mi primera desilusión. Aunque, viéndolo ahora más maduramente, esa primera desilusión no había sido tan cruel, pero simplemente había llegado durante mi amor de estudiante, y un primer amor nunca se olvida.

Entonces, ella me contestó: —¿Y quién no recuerda su primer beso, su primer amor y sus primeras hazañas de conquistar o de ser conquistado?

—Bueno, por lo menos ya logré que me dijeras algo —mencioné con una risa burlona.

Pero continué hablando porque comprendí que ella era de muy pocas palabras.

—Hablo del mismo amor que, seguramente y sin lugar a dudas, cualquier persona a cualquier edad llega a sentir por primera vez, cuando se deja seducir por las ilusiones de vivir un amor para tener la experiencia de sentirse enamorada. La persona cree entender todas esas emociones completamente. Pero desgraciadamente, esa ilusión nunca duró mucho tiempo en mi vida y, para hacer la aflicción aún más grande, yo nunca logré entender por qué, cuando apenas comenzaba a encariñarme, ella decidió marcharse; eso me hizo sentir la persona más insignificante, pero este sentimiento no fue por haber sentido que mi vida se hacía más pequeña al no entender cómo todo estaba terminando, si apenas estábamos disfrutando de descubrir la manera de amar la vida juntos. Esa no fue la razón de mi desilusión, sino más bien el hecho de que ella me había enseñado cómo amar mi propia libertad de ser. Creo que fue entonces cuando entré en una hora de profunda nostalgia.

—Soledad, ¿sabes lo que es recordar tu primer amor? Por ella, aprendí a enamorarme de Libertad. ¡Libertad, aún te llevo muy dentro de mi corazón! —eran palabras que quise gritar al viento para que ella me escuchara, sabiendo que ese amor de estudiante ya había muerto y que ahora estaba en el cielo.

No dije ninguna palabra más, porque yo ya no tenía deseo de hablar; solamente me preguntaba mentalmente si yo había conocido a mi primer amor únicamente para ser cautivado por Libertad.

Después, esa misma idea me llevó a preguntarme de quiénes se habrían enamorado por primera vez mis hermanos, mis hermanas o mis amigos. Dicen que los primeros amores nunca se olvidan, ¿acaso alguno de ellos se habrá enamorado de Rebeldía? ¿O qué tal aquellos que son cautivados por la Vanidad o por la Dádiva, la Experiencia, la Esperanza o la Aventura? Creo que, si yo les hiciera esta pregunta a todos, sus reacciones serían muy interesantes, porque pocas personas se preguntan cómo nacen ciertos ideales en ellas. Muchas veces se transmiten a través de otras personas y la mayoría de las veces es a través de ese amor que otras personas impregnan en uno mismo, y creo que ese fue mi caso.

La plática entre Soledad y yo estaba muy interesante, por eso busqué la forma de seguir conversando con ella para que no se fuera de mi lado. Soledad sabía siempre cómo hacerme pensar o por lo menos reflexionar sobre muchas cosas.

—Pero tampoco olvido que después de ese trago amargo (haber perdido un amor muy hermoso, en el que aprendí lo que era ser libre), también tuve el encuentro contigo, mujer. Y solamente tú supiste cómo abrazar mis inseguridades en ese momento —solo trataba de mantener su interés, para que no se alejara de mi lado.

—Cuando tú te presentaste ante mí, lo hiciste muy abiertamente, no tuviste necesidad de andar "entre las ramas" ya que, al parecer, después me di cuenta, tú ya conocías a todo mundo, más de lo que nosotros pensamos conocerte a ti. Y sin lugar a dudas así fue para mí, ya que, para llamar nuestra atención, sueles también hacerlo llamándonos por nuestro primer nombre. Nunca llegué a imaginarme que, en ese primer encuentro, mi vida iba a trascender a grandes dimensiones. Aún recuerdo la hora, la fecha y el lugar; cómo olvidarlo. Después de haber sentido que había fracasado en compañía de Libertad, el nuevo encuentro tenía que ser de la misma magnitud, si no, tal vez, aun más grande, para poder sobrellevar tal desencanto.

Soledad no decía mucho. Por eso pensé que en verdad sí estaba perdiendo el sentido de la realidad. Aun así, no tuve miedo de seguir platicando a solas como un loco.

—Y ahora que hago memoria de esa amistad que ha existido entre tú y yo, me doy cuenta de que tú, Soledad, siempre estuviste observándome, aun desde mi niñez. Muchas personas que no te conocen pensarían que tú siempre buscas la compañía de las personas como un predador que trata de devorar a su presa y también en ocasiones me imagino que otras personas no te desean porque creen que eres una mujer muy sufrida y rechazada.

Pero ese nunca ha sido mi caso; tú siempre has sido una mujer callada, que sabe dominar sus propias emociones hasta donde te lo permita la gente. Sé que tú puedes ser tanto la mejor confidente y consejera en cada compañía como también la más inquieta e insegura amiga.

—Soledad, te confieso que tú para mí, desde que te escribí ese poema, has sido una mujer muy atractiva que sabe muy bien cómo esconder su edad. Eres muy selectiva con tus amistades, pero también eres seductora y valiente. Eres una mujer que sabe cómo estar tranquila y, a su vez, ser muy dominante; eres atrevida, resuelta, intrépida y decidida. Eres una mujer que no tiene miedo a desafiar a quien te busque y sabes cómo disfrutar la intimidad y la privacidad de esas personas que te desean. Eres una mujer a la que a veces le gusta jugar con los sentimientos y las emociones de los demás, pero no por ser ventajera, sino más bien para que las personas aprendan a descubrirse ellas mismas.

Las horas seguían pasando. Yo creo que esa noche me terminé toda una botella de vino y no sé si eran los efectos del vino lo que me estaba haciendo hablar mucho más de la cuenta o si en verdad estaba pasando por otro momento de inspiración, pero a veces me gustaba mezclar vino con otras bebidas (hablo de mi cóctel favorito, el *Long Island Iced Tea*), cosa que permitía que mis delirios fueran en aumento esa noche.

—Aunque sé que eres una mujer a quien le gusta aprender de nuevas experiencias, también muchas veces eres alguien que vive en el recuerdo cuando te has sentido defraudada por aquellos que no desean apreciarte; eres amable y te limitas al espacio y al tiempo que la gente te puede dar. Si bien siempre has sido una mujer valiente, también eres una mujer frágil, fina y delicada, pero por experiencia también sé que, si te hacen enojar, te vuelves fuerte, tenaz, terca, al punto de volverte insegura, caprichosa e incorregible. Con tu bello rostro y un pelo muy hermoso y largo, siempre has sabido cómo encantar a los hombres y cómo desafiar a las mujeres. Tienes unos ojos grandes y oscuros, y sabes cómo encerrar varios misterios en esos ojos tan hermosos, secretos que solamente son revelados a aquellos que saben guardarlos y tener discreción para apreciar la franqueza de tus palabras. Tus labios son muy atractivos, tan seductores que pueden enredar a cualquier persona que ande en busca de distanciarse de cualquier problema, de cualquier relación o compromiso. Eres una mujer que siempre está atenta a las necesidades de aquellos que te desean, mas en cambio las consecuencias de tu fiel amistad pueden llevar a cualquier persona a los extremos, en ocasiones hasta al suicidio si no saben cómo tratar contigo. Eres una mujer que no tiene miedo al desafío, a los compromisos o a las intimidades. Siempre has sido una mujer que sabe muy poco de diplomacias o vínculos y no buscas enlaces con los demás por el simple hecho de volverte más popular, ya que siempre buscas enamorar a los corazones más sufridos, de los cuales demandas completa fidelidad, sin considerar que pueden ser los más frágiles, y al no lograrlo sé que puedes volverte el peor de los martirios, al punto de hacerte desear o extrañar por aquellos que te disfrutaron un día. Tu cuerpo hermoso es muy deseado y muchas veces envidiado por aquellos o aquellas que no saben el verdadero valor de los pequeños y hermosos detalles de la vida.

—¿Y no me vas a decir nada? ¿Así te vas a quedar callada todo el tiempo? —le hice esas dos preguntas con cierta duda, porque yo no sabía si ella seguía allí a mi lado o si ya se había marchado.

Pero aún no se había marchado; yo todavía podía sentir su presencia.

—Así es como te he ido descubriendo, Soledad. ¡En mi silencio! Puedo contar todas las ocasiones en las que te has hecho presente y en cada una de esas veces tú me has mostrado una cualidad nueva de tu personalidad: callada, buena para dar consejos, tranquila y tolerante.

—Entre todas las experiencias que he vivido contigo, creo que te vuelves más cercana a las personas cuando sufrimos la pérdida de seres amados. Es por tal compasión y motivo que quisiera apostar a que eres una mujer muy comprensiva, por tu misma voz tan suave y femenina (una voz de madre o de esposa), que hace que la angustia sea menos dolorosa y, dentro de esa compañía, siempre tratas de que el ser humano encuentre paz en su interior. Pero cuestiono tu sexo porque también sé que en las cosas del espíritu no existe esa división sexual que nos hacemos los humanos. ¿Acaso Dios es un hombre o acaso las mismas Escrituras no me sugieren pensar lo contrario?

Allí fue donde Soledad me interrumpió y contestó:

—*La muerte de seres amados no es fácil para nadie, porque por instinto humano llegan a examinarse muy severamente por lo que pudieron haber hecho y por lo que no hicieron mientras los tuvieron cerca. En este tiempo tan difícil, todos deberían aprender a soltar sin condenación. Nadie sabe la hora o el día en que los seres amados dejarán de estar cerca, pero esa despedida no es una celebración ni tampoco un castigo; es solamente una transformación, en cuyo momento deberían saber soltar, para bien de ellos tanto como para ustedes mismos.*

Ya un poco más calmado, pude responderle:

—En todos mis momentos difíciles siempre te he escuchado, con esa voz delicada preguntándome: "¿Por qué lloras? ¿Por qué estás triste? ¡Aquí estoy contigo, no es la primera vez que te visito y no será la última, solo deseo consolarte y que sientas que no estás solo y nunca lo estarás!".

—Soledad, sabes, uno de los atributos que te hacer más notable es que cualquier persona que se sienta vacía y disponible puede sentir tu presencia como un viento suave que acaricia ese rostro quebrantado y puede llegar a descubrir un aroma inigualable, ya que haber llegado a ese punto de quebrantamiento hace que toda persona se sienta completamente desnuda. Hablo de un aroma suave, no un aroma de muerte, sino como la fragancia que se siente en el campo donde el hombre más bohemio lograría encontrar las mejores inspiraciones para componer sus mejores versos, sin tener que sentirse culpable o criticado.

No quise que terminara la noche; pensé que esa misma noche me había reencontrado con una vieja amistad. Entonces decidí regresar a esa pregunta que tanto deseaba hacer para conocer cuándo había comenzado esta amistad entre ella y yo.

—Amiga, Soledad, ¿cuántas veces has estado a mi lado?

Sin demora alguna, con su voz tranquila que siempre sabía calmar mis ansiedades, me contestó:

—¡Desde que jugabas a solas cuando eras niño! ¡Cuando te dormías en los árboles o arriba de esas cercas de cemento que casi eran tres veces más altas que tú, y yo siempre te cuidaba para que no cayeras al suelo! ¡También cuando escribías tus versos de niño y soñabas con ser el príncipe azul de todas las niñas que conocías!

Era increíble imaginar que Soledad había estado tanto tiempo en mi vida. Y no pensé en el aspecto deprimente que eso podría tener, si yo se lo contara a alguien, al confesar que Soledad ha sido mi eterna compañía. Más bien pensé en la fascinación de la que yo podría haber disfrutado si me hubiera dado cuenta de que tenía ese fantasma (un espíritu) y hubiera podido platicar con él desde hace mucho más tiempo atrás.

Fue entonces que mi respuesta, con gran entusiasmo, no se dejó esperar:

—No te niego que tu respuesta tan honesta me dejó con cara de asombro, pero por un pequeño instante también pasaron por mi mente todas esas ocasiones en que a mí me hubiera gustado no haberte tenido tan cerca. Quizás ese sentimiento de pena y de vergüenza sobresalió al acordarme de las veces en las que, como todo adolescente, aprendí a masturbarme, cuando descubrí los efectos del alcohol y la droga o cuando me sentí una basura al haberles mentido o haber insultado a mis padres por primera vez.

Guardé mucho silencio, al darme cuenta de todos los detalles que venían a mi mente: los romances, las tragedias, las enseñanzas y las enemistades que hice con ciertas personas. Me estaba dando cuenta de que Soledad era muy buena para hacerme recordar ciertas cosas de las que yo ya no deseaba tener memoria, pero también entendí que ella no se limitaría en hacerme sentir algo de reproche en mí mismo. Y aunque sentía que Soledad nunca tendría la intención de lastimar los sentimientos de alguien, su honestidad no le impediría darme mi porción de respuestas frías y otras aún más crueles, cada vez que yo llegara a necesitarlas.

Comprendí, por la exactitud de mis memorias, que ella siempre había estado a mi lado y que continuaría a mi lado hasta que mi vida llegara a su fin. Y es porque esa presencia siempre me había llenado de la misma paz que yo recibía de mi propia madre; esa madre que siempre velaba por los sueños de sus hijos, tratando de arrullarlos con sus delicadas caricias. Ahora, lo único que yo tenía que hacer era aprender a guardar silencio para poder seguir disfrutando de la presencia de Soledad. Creo que fue mi silencio lo que siempre la invitó a llegar a mi vida, ya que en el silencio no existen las limitaciones, las apariencias ni las cautelas.

Y como si ella también tuviera ese don de adivinar mis pensamientos, me contestó:

—*Hay tanta virtud en el silencio que, si todos aprendiéramos a guardar más silencio durante nuestras crisis o tribulaciones, tal vez escucharíamos exactamente lo que necesitamos escuchar en ese preciso momento.*

Desde ese encuentro, comenzaron mis pláticas con Soledad. En cada plática o en cada encuentro estuvieron ausentes las formalidades, los estatutos, los títulos y los prejuicios; la aceptación solamente tiene lugar cuando ambos son realmente honestos y transparentes con ellos mismos, antes de intentar aceptar al otro.

LAS ENSEÑANZAS

Necesidad

Enlace: Recuerdo esa ocasión en que una amiga me pidió dinero prestado porque deseaba hacerse una cirugía en el cuerpo; no era nada vital o de asunto grave, simplemente deseaba verse mejor y la cirugía que deseaba hacerse la ayudaría con su autoestima; bueno, recuerdo que fue esa la excusa que recibí.

Como para mí esa no era ninguna necesidad o urgencia y quería que ella tomara tiempo para considerar sus prioridades, me negué a ayudarla.

¿Prioridades? ¿Y quién soy yo para decir cuáles son las prioridades de cada persona? —pensé.

La vida constantemente nos trae enseñanzas y no existe edad alguna para que cualquier persona deje de aprender. El deseo de seguir aprendiendo depende de uno mismo, solamente hay que saber apreciar cada uno de los eventos que nos ofrece la vida, dándonos la oportunidad de aprender algo nuevo. Y aunque la mayoría de las enseñanzas no son nada fáciles, por el simple hecho de que se trata de algo nuevo, estas oportunidades se vuelven más frecuentes cuando en nosotros existe la disposición de soltar algo para poder aprender algo nuevo (ya sea soltar una tradición, un prejuicio, un deseo que no vale la pena, una obsesión, una forma vieja de pensar, etc.). Lo que se hace más difícil es que cada enseñanza busca la manera de producir en nosotros una nueva disciplina; de lo contrario, si uno no logra entender, transformar o rectificar algo en su vida después de cada enseñanza, entonces tal aprendizaje nunca fue una enseñanza y tan lección puede repetirse hasta que logremos entender el propósito de nuestras experiencias. ¿Será que por eso no pasé de grado en muchas enseñanzas u oportunidades que la vida me dio? A veces soy muy severo conmigo mismo.

La petición de esta amiga me había dejado pensando. Sabía que detrás de esa petición había algo que yo necesitaba aprender. ¿Aprender a dar más generosamente sin importar el motivo? ¿Aprender a hacer más preguntas para que ella conociera más a fondo sus verdaderas necesidades?

—¡Estás loco, Hiram! Hacer más preguntas es continuar perdiendo amistades —me contestaba yo solo.

La única justificación que me di para no seguir pensando en el tema fue que, para ella, eso era una necesidad; si no, no me hubiera hecho esa petición.

Pero al poco tiempo mi inquietud me ganaba de nuevo; continué pensando en todas las necesidades que se inventa la gente (reales y no reales), solo para llegar a considerar otro gran detalle que la vida nos ofrece y es ese deseo de mantener la aspiración de seguir aprendiendo siempre algo nuevo, porque desde el momento en que pensemos que ya no hay nada que aprender, la vida respetará tal decisión y las oportunidades de crecer en cualquier ámbito, ya sea en el ámbito espiritual, emocional o intelectual, dejarán de existir para uno o dejarán de llegar a nuestras vidas y, cuando este sea el caso, nuestras propias vidas comenzarán a ir en descenso (ya que hemos dejado de tener motivos suficientes para seguir disfrutando de esta vida).

Por un tiempo, no pude olvidar la petición de mi amiga; aunque traté de ponerme en sus zapatos para saber si yo también necesitaba alguna cirugía plástica que me ayudara con mi estima propia, fue imposible. Lo que sí logré entender fue que mis mejores enseñanzas en esta vida vinieron a través de las necesidades que tuve, de los temores, de los engaños que sufrí, de las desilusiones, de las aflicciones que me trajo la vida y aun de mis propias desobediencias. ¿Y qué tal de las tragedias?

¿Tragedias? Quisiera seguir pensando que aun en las tragedias siempre he encontrado algo bueno. Entonces, ¿ya no serían tan trágicas si algo bueno hay en ellas? Es que mi forma de pensar siempre ha sido muy fuera de lo común. Bueno, para qué me ocupo de las tragedias ahorita si lo que más me ha llamado la atención es la necesidad de esta amiga. Creo que su misma petición me hace recordar las veces que yo también tuve necesidades. Pero, para poder entenderla, yo tendría que preguntarme cómo vino a mi vida la necesidad.

¿Quién es Necesidad?

Me pregunto cuántas veces he visto a esta mujer. ¿Cómo la conocí? ¿Acaso llegué a tener una relación muy íntima con ella? Yo sé que muchas personas hemos llegado, si no a conocerla muy bien, por lo menos a platicar con ella y a entretenernos con su compañía por un tiempo.

Ahora que pienso acerca de esto, me doy cuenta de que ella ha estado muy cerca de mi vida, casi podemos decir que fue como una pariente, algo muy familiar.

Pero nunca acaricié la idea de relacionarme íntimamente con ella ya que, al hacerlo, algo me decía que me iba a convertir en una persona aprisionada por sus caprichos y tal vez limitaría lo que siempre he valorado más, mi Libertad (el amor de mi vida).

Necesidad ha sido una gran maestra para mí; desde que aún era niño, tuve que aprender a trabajar mientras mis compañeros de escuela se la pasaban jugando. Necesidad me mostró las diferencias sociales que forma la gente. Necesidad puede convertirse en una mujer muy de corazón.

¿Pero por qué pienso tan despectivamente de Necesidad si más bien debería estar muy agradecido por todo lo que ella me ha enseñado?

Y es porque Necesidad es una mujer capaz de sentir muchas emociones al mismo tiempo; ella puede llegar a ser explosiva, como también reclamarle sus intereses a cualquier persona, muy tranquilamente y sin alterarse, porque ella tiene un carácter fuerte. Ella no le tiene temor a nadie, más bien la gente tiene temor de llegar a conocerla. Ella es inteligente y consciente de todo lo que pasa a su alrededor. Pero tampoco la he subestimado ninguna de las veces que ella se ha acercado a mí: ella es una mujer hermosa que no sabe hacer distinción de personas, muy convincente en su forma de hablar, toda una maestra en enseñarles a todos sus imperfecciones o sus carencias.

Cada vez que Necesidad se acercaba a mí, pude ver a sus dos hijos gemelos, que siempre la acompañaban: Daño y Reclamo. Cada vez que Daño llegaba a sentir cierto dolor o falta de comprensión, Reclamo le hacía su segunda para que los escuchara su madre, la cual no podía ver sufrir a ninguno de sus dos hijos gemelos. Necesidad tenía la tendencia de ponerle mucha atención al sufrimiento (o tal vez aún la sigue teniendo, pero no puedo asegurar que ese sea el caso ya que hace mucho que no hablo con ella). Y no es por ese motivo que yo traté de rechazar su compañía; ciertamente sé que aun en el sufrimiento podemos aprender algo nuevo. Mi atrevimiento de no desear su compañía es que he aprendido a no depender de tantas cosas y a soltar todo lo que me sea posible en esta vida.

Necesidad siempre sentirá la carencia de algo y por eso nunca se cansa de esforzarse o de trabajar para lograr sus metas. Tal vez sea la falta de comodidades, de logar algo más en la vida, la falta de sentirse valorado en algo o por alguien, el hecho de no haber tenido las mismas oportunidades que otras personas, etc. Cualquiera que sea su falta, ella no descansa hasta conseguir llenar tal carencia. Necesidad siempre busca el bienestar en algo, ya sea para los demás o para ella misma. El problema se produce cuando Necesidad ya no sabe distinguir entre tener deseos y tener falta de algo que verdaderamente sea indispensable o vital. Tal vez ese era el caso de mi amiga.

A veces esa urgencia por satisfacer su propio afán llega a traer resultados negativos, por llevar tales aspiraciones al extremo, sin que realmente fueran algo urgente. Me refiero a un simple afán por sus deseos propios, una simple carencia en algo o por el simple deseo de complacer las necesidades de otras personas, tales aspiraciones y esfuerzos al extremo se vuelven reclamos o demandas. Y cuando Necesidad se vuelve ya un reclamo y una demanda para los demás, allí es cuando las relaciones, la salud y las emociones de las personas que la tienen a su lado sufren más. Y es de esperarse, ya que Necesidad se puede volver tanto subjetiva como objetiva en sus reclamos o sugestiones; para ella no existe tal diferencia: Necesidad es Necesidad y todos deben aceptarla, así como ella es.

—¿Otra vez hablando solo, Hiram? —de repente entró Soledad a mi habitación, haciéndome esa pregunta mientras yo estaba reflexionando sobre Necesidad.

—Soledad, ¡qué inoportuna eres! Entras sin avisarme, cada vez que se te antoja. Pero bueno, para eso son los amigos —un comentario algo sarcástico de mi parte, pero continué platicando con Soledad:

—Solamente me estaba haciendo preguntas después de ver cómo existen personas con tantas necesidades. Ya no hablemos de las más básicas: comer, vestirse, dormir o respirar. Pero, ¿qué tal esas necesidades de tener el celular más avanzado, el carro mejor equipado, la casa más amplia o los senos más grandes? Estos lujos ya no serían una necesidad, ¿o acaso sí los son? —le contesté a Soledad tratando de formar mis propios argumentos, como si me estuviera preparando para el mejor debate de mi vida.

Pero, en su sencillez, Soledad me contestó sin tener que hacer ningún argumento:

—*Las personas siempre han insistido en ser Alguien, con una "A" mayúscula. Por eso, buscan seguridad en un mundo tan cambiante e incierto. Todos esos cambios causan cierta inseguridad que los hará pensar acerca de sus valores, si son inferiores o superiores, si están capacitados o incapacitados. Las personas han nacido con un intenso deseo o resolución de tratar de cambiar las cosas cuando aún no han aprendido que hay tanto cosas que sí se pueden cambiar como otras que simplemente no van a cambiar. El reconocer la diferencia les dará la oportunidad de tener menos necesidades.*

En mi mente, estaba comprendiendo que debatir con Soledad era algo casi imposible, pero tampoco me iba a poner del lado de Necesidad: ella se convertiría una carga para mí si yo volvía a buscar su compañía. Claro que entendí el punto de vista que Soledad había expresado. Los cambios tan violentos e inciertos causan cierta inseguridad en las personas que, por lo tanto, no desean quedarse atrás y por eso se llenan de necesidades de acuerdo con su percepción acerca de lo que están viviendo. Bueno, creo que eso fue lo que entendí (me puse a reír en una forma burlona, mientras pasaban por mi mente muchos nombres de amistades y familiares, todo esto enfrente de Soledad).

Pero Soledad lo notó y me preguntó:

—Si no tienes deseos de tenerla a tu lado, ¿por qué mencionas que es una mujer hermosa?

No me cabía la menor duda de que Soledad ya conocía mi dinamismo para presionar botones con el fin de hacer reaccionar a la gente, y ella no sería la excepción. Es como si ella me hubiera invitado a discutir como dos abogados y me hubieran dado solamente una oportunidad para presentar mis argumentos finales.

Yo le contesté, usando una voz muy convincente:

—Necesidad siempre sabe cómo conseguir la atención de todos; es ingeniosa, tiene los medios para lograr sus propósitos y sabe cómo convencer a la gente de su existencia. A Necesidad no le hace falta tener presentaciones: ella es inoportuna, resuelta, arriesgada, atrevida, está llena de energía y no le pide a nadie ningún permiso para ser considerada. Para entender cómo es Necesidad, la persona tiene que saber cómo compartir y convivir con ella. El simple hecho de verla a distancia no es suficiente; ella exige que todos tomemos el empeño y la voluntad de conocerla personalmente. Necesidad es como una empresaria que sabe provocar cambios y transformaciones personales; ninguna persona puede seguir en la misma situación en que se encuentra cuando Necesidad es invitada y se hace presente, ya sea para mejorar la vida de uno mismo o para empeorarla, por eso mencioné que ella se puede convertir en algo muy subjetivo o en algo objetivo. Necesidad no vacila con la disposición de las personas: ella siempre demandará nuestras decisiones y nuestros cambios cuando estemos en su compañía. Hay personas que juegan con Necesidad cuando la tienen a su lado; es al burlarse de Necesidad cuando ella hace que las personas tomen decisiones, pero después vuelvan al mismo estado en que se encontraban. Aquí es donde Necesidad hará que las cosas se pongan peor para estas personas.

Soledad no pudo evitar reírse con la clase de argumentos que yo le estaba presentando. Casi hubiera jurado que ella se estaba burlando de mí. Pero, tratando de no perder mi caso, inmediatamente le contesté:

—¡No es broma! Necesidad es una mujer con carácter muy fuerte a quien no le gusta ser burlada. Recuerdo una vez cuando escuché su voz, ¿cómo olvidarlo? Y eso que no me lo dijo de modo alterado; su voz fue fuerte, tranquila y muy convincente: "O me escuchas y me pones atención o vas a empeorar tu situación por tomar otra dirección; pero te voy a hacer actuar y te voy a hacer tomar una decisión. Así será siempre mi trato contigo".

—Hiram, me río porque no me contestaste la pregunta que te hice. No te pedí una completa tesis acerca de quién es Necesidad.

Aún me habían quedado ganas de seguir discutiendo, pero le di su respuesta sin tener que quedarme con todo lo que yo quería dejar dicho.

—¿Será que pensé que Necesidad es una mujer hermosa porque siempre me llamaron mucha la atención las mujeres con carácter fuerte? Pero no es por eso, simplemente Necesidad nunca podrá ser ignorada, y una de sus grandes cualidades es que, aparte de ser atractiva, también es seductora. Gracias a ella, las personas llegan a grandes puestos o posiciones, pero por buscar siempre la prosperidad, ella se puede volver insensible, más arraigada a ciertas ideas o prejuicios, al punto de volverse excesiva. Necesidad puede traer nuevas ideas o mejores soluciones y también formar ligaduras o vínculos más lamentables o contraproducentes. Pero, fuera de todo, Necesidad es siempre una mujer con buena ética humana y valiosos modales; ella siempre nos dará la oportunidad de conocernos a nosotros mismos y así nosotros mismos formar nuestras prioridades en todos los aspectos de nuestras vidas. Es toda una maestra que sabe cómo formar nuestro carácter.

Ya algo calmado, quise hacerle otra pregunta a Soledad:

—¿Sabes qué, mujer? Tú bien sabes que mi mente siempre ha sido tan curiosa que a veces quisiera preguntar a la gente: "¿Y tú, cuándo llegaste a conocer a Necesidad? ¿Qué fue lo que te enseñó el hecho de tenerla a tu lado?". Todos la hemos conocido y lo más sorprendente es que tal vez ella fue la primera persona que conocimos después de haber salido del vientre de nuestra madre; después de esos primeros días, ella continuó mostrándonos todas nuestras carencias y exigencias de ser aceptados y, más adelante con los años, ella continuó a nuestro lado por el mismo deseo que todos tenemos de llegar a ser alguien en la vida o hasta por el mismo afán de amar y ser amados.

Soledad no quiso hacer ningún comentario acerca de esa curiosa pregunta que me hubiera gustado haberles hecho a todos. Pero sí me dio otro consejo:

—*Las personas tienen la tendencia de buscar la felicidad en lugares equivocados, lo que las hace estar muy insatisfechas y buscar la gratificación instantánea; se han olvidado lo que es sentir un poco de sufrimiento (o una simple carencia) y se han dejado atrapar por el hábito de querer más, desear más, sin realmente conocerse ellas mismas.*

Quise decirle a Soledad: "Entonces estás de acuerdo conmigo", pero no lo hice, porque más preguntas invadieron mi mente y otros recuerdos comenzaban a sobresalir. Aun el hecho de no pertenecer a un grupo o familia, como mencioné en mi libro *Relaciones*, hace que nos entretengamos ciegamente en la compañía de Necesidad hasta que ella logre saciar esa hambre. Pero recordar como estoy haciendo ahora partes de ese mismo libro me hace pensar que Necesidad y Temor siempre han caminado a la par. No sé quién invita a quién, si es que Necesidad se presenta primero y después llama a Temor para que la ayude a lograr que nos comprometamos más con su compañía. Y es que, ahora que puedo armar más fácil mi rompecabezas, me doy cuenta de que todas esas veces en las que Necesidad estuvo cerca de mí también pude escuchar la voz de Temor abogando por ella (o defendiendo su dependencia).

Temor

Enlace: Aquella ocasión en que estuve platicando con Soledad acerca de Necesidad no logré terminar mi conversación. El teléfono sonó y esa llamada cambió el ambiente o el estado de ánimo. Yo había recibido la llamada de un familiar que necesitaba un consejo mío, porque tenía temor de perder su casa.

Lo primero que pensé fue: "¿Yo dar consejos? ¿Acaso no han aprendido que, si alguien viene a mí por consejos, yo voy a presionar todos los botones que encuentre y se van a sentir muy incómodos?". Siempre esa ha sido mi forma de ayudar a que ellos descubran lo que andan buscando.

Pero no pude negarme a escuchar su mensaje. Yo ya sabía por experiencia propia que Temor siempre ha sido un amigo traicionero, porque tanto puede ser falso como verdadero. Temor sabe cómo jugar con la percepción de las personas.

Y aunque Soledad ya no estaba cerca de mí porque ella suele alejarse cuando las personas necesitan mi atención, quise regresar a la discusión que ella y yo estábamos teniendo para mencionarle que ya lo había pensado mejor: Temor es quien busca nuestra compañía primero, antes de que Necesidad se nos presente. Temor puede venir disfrazado de muchas formas, de peligro de quedarnos solos, desconfianza por no poder sustentar a una familia, aprensión hacia la vejez, alarma por no caer en el legalismo, amenaza de perder la libertad, pánico por ser abusado, etc. Y al escuchar tanta intimidación es cuando nosotros mismos buscamos a Necesidad para que nos ayude. Es increíble cómo ambos trabajan juntos. Sin Temor, Necesidad no existiría.

Los días pasaron y, en lo que pude, traté de ayudar a ese familiar con su problema. Una vez más, cuando me quedé solo, quise buscar a Soledad para intentar ganar en mi debate. Pero ella no regresó; será que aún no era el tiempo para que ella y yo tocáramos este punto con más profundidad.

Y la verdad es que no creo que Temor y Necesidad sean los únicos protagonistas de nuestras vidas que trabajen en equipo. Y esto lo puedo ver en las relaciones de las personas. En nuestro afán por satisfacer esas demandas que Temor y Necesidad traen a nuestras vidas, también surge cierta Desobediencia o cierta Rebeldía frente a las circunstancias por las que pudiéramos estar pasando, gracias a aquello que Temor puede hacernos sentir. Pero si estas no se hicieran presentes, nuestras propias circunstancias nunca cambiarían. ¿O acaso hay personas que prefieren seguir con Temor y Necesidad toda la vida? Sí, desgraciadamente sí existen personas que solo saben vivir con Temor. Estas personas son quienes nunca han aprendido a valorarse y han preferido seguir viviendo dentro de su propia jaula de oro porque Temor no les ha permitido valorarse por quienes realmente son y darse cuenta de las capacidades tan ilimitadas con las que ellas cuentan para ser libres.

El Temor siempre se hace presente cuando falta aprecio y valoración en la persona. El Temor sabe dónde encontrar su mejor compañía y, una vez que la encuentra, sabe cómo jugar con las mentes.

¿Quién es Temor?

Uno de mis más grandes problemas es no poder soltar un pensamiento cuando aún no he encontrado las respuestas que he estado buscando. ¿Seré terco? Creo que sí, y bastante. Pero esta vez no podía creer lo que estaba haciendo. Me encontraba caminando por la ciudad capital de los Estados Unidos, Washington DC, y de repente vi muchos rostros desfigurados. Estos no eran los rostros normales que uno ve en todas las personas; yo estaba viendo rostros de monstruos en cada persona que pasaba enfrente de mí; eran rostros llenos de amargura, tristeza, odio, resentimiento, etcétera.

Todo esto me estaba causando mucha tristeza, por ver rostros tan desfigurados, que a la vez me hacían recordar rostros de familiares y de amistades cercanas que también habían sido afectados por la presencia de Temor en sus vidas.

¡Qué triste es pensar que Temor aún sigue vivo! Temor es otra persona a quien pocas ganas tengo de ver, aunque no puedo negar que a veces es tan inevitable como indeseable. Es un hombre que vive completamente en la ansiedad; su rostro se ve cansado y sus ojos caídos solo muestran desaliento. Al pensar en su semblante, recuerdo que tiene unos ojos llenos de angustia, por la diversidad de emociones que lo perturban constantemente, siendo todo en frecuentes ocasiones algo meramente artificial, porque a Temor le gusta vivir fuera de una realidad. No niego que su preocupación hacia mí (o hacia los demás) a veces sirva como buena prevención, pero a él le gusta estar causando mucha inseguridad porque prefiere estar experimentando continuamente una sensación de alerta y angustia por la presencia de algo que él aún no puede entender en ese momento, o durante cualquier evento inoportuno que se le pueda presentar.

¡Solo puedo imaginarme lo triste que es vivir a su lado!

Es un hombre a quien le gusta vivir en las experiencias del pasado, recordando los errores y las injusticias que han dañado su corazón. El problema es que no deja de compararlas con las experiencias de los demás. Es una actitud con la que él ha aprendido a vivir y que lo mantiene en un constante estado de alerta o aprensión, al no querer repetir esas experiencias pasadas, pero con la cual logra todo lo contrario: las hace revivir.

No puedo negar que él es una persona con una gran imaginación y un ilimitado repertorio de ideas negativas, pero estas ideas solamente lo ayudan a fortalecer las barreras que él mismo se hace y se interpone, para limitar ciertas equivocaciones, sin darse cuenta de que, al hacerlo, se está limitando la posibilidad de pensar más positivamente.

Aunque es un hombre muy sensible, afectivo y piadoso para con los demás, siempre se la pasa tratando de salvar a todos de ese mismo mundo que solamente él conoce, un mundo lleno de desconfianzas, desgracias, sospechas, prejuicios, malicia y conflicto.

Qué ironía de la vida: cualquier persona que no conociera personalmente a Temor pensaría que no sufre. Y cuando abre su boca para justificarse, todos pensarían que él nunca ha tenido las mismas oportunidades que esta vida les ha ofrecido a los demás.

¡Maldita sea! ¡Cómo quisiera ponerme a llorar a solas! Pero estoy entre tanta gente y todos pensarían que acabo de perder a un ser querido. Y ahorita no tengo humor para contarle a nadie lo que me está pasando. ¡Cómo desearía estar solo cuando estos pensamientos me toman! Pero no hay modo de evitarlo; mi mente siempre me sorprende en los lugares más inoportunos.

Solo sé que tengo que desahogarme; no me gusta quedarme sin expresar lo que siento. Desgraciadamente, no tengo enfrente de mí a esas personas que siguen viviendo con Temor a su lado para decirles lo que siento. ¿Y qué gano con tenerlas enfrente de mí, si la gran mayoría no está dispuesta a ver su realidad y tienen miedo de enfrentarla? (lo pensé riéndome con bastante burla, pero, a su vez, con profunda tristeza).

Ok, creo que ya sé cómo desahogarme; pensaré que, enfrente de mí, tengo a Temor y le diré todo lo que siento.

—¿Sabes qué, Temor? Hablemos tú y yo. Tú siempre te has sentido el más vulnerable y desamparado de todos y ese sentimiento de desamparo no siempre está basado en hechos o realidades, pero tus propios pensamientos te han llevado siempre al desánimo. Tal desánimo continuamente es la fuente de todas las comparaciones que te haces, tratando de comprobar por qué otros tienen más que tú o mejores cosas que tú, o por qué otras personas son mejores que tú. Todo eso se vuelve una ansiedad insuperable que conviertes en tu propia percepción, sintiéndote el más desgraciado y el más inútil, con demasiada autocompasión.

—Eres un hombre que, por tus propias amenazas, te has formado falsas realidades; no permites que las personas sean libres y te preocupas demasiado, al punto de vivir en constante confusión. Lo más desgraciado de todo esto es que tú nunca estarás dispuesto a enfrentar tus miedos por tu propia cuenta; buscas la compañía de otras personas que sepan apoyarte incondicionalmente y que no te juzguen severamente. Eres toda una víctima que ya no desea salirse de ese apodo, para que siempre le tengan lástima. La misma aprensión de no saber cómo vivir fuera de esa vida que tú mismo has fabricado hace de ti una persona que no desea los cambios, ya que los cambios te asustan. Prefieres seguir viviendo en una zona de confort demasiado pequeña; por muy pequeña que sea, en vez de atreverte a desafiar tus circunstancias y crecer fuera de tus muy limitados perímetros, esa zona se convierte en tu palacio —por muy enfermo que esto sea—, en tu morada.

—¡He dicho! —como si hubiera sido una exclamación de alivio al pensar que ya había sacado todas esas palabras que me estaban frustrando.

Pero aun entre la multitud, Soledad sabía cómo consolarme y cuándo hacerlo. Ella solamente había dejado que me desahogara, para después intervenir en mi desahogo.

—Hiram, ¿ya te sientes mejor? —me preguntó, muy quitada de la pena.

—¡Soledad! ¿Y por qué no llegaste antes? —le dije con cierto tono de reclamo—. Si tú supieras cuántas personas muy queridas han estado inmovilizadas y se han dejado aprisionar por los engaños que trae Temor a sus vidas. ¿Y aun así tú me preguntas si ya me siento mejor? —mis palabras seguían reclamando respuestas de cualquier persona que pudiera dármelas.

—Soledad, te diré que sinceramente no le tengo odio a Temor, pero tampoco lo respeto; tal vez mi enemistad con él se debe a que veo la forma en que tiene a tantas personas esclavizadas en sus propios pensamientos o imaginaciones, para que no se atrevan a pensar diferente y ser más libres. Personas que dicen no tener prejuicios y están llenas de ellos, personas que se creen muy elevadas en sus conocimientos, mas en cambio viven de manera muy inferior a lo que realmente podrían llegar a ser y no llegan más arriba por ese mismo miedo que tienen de perderse en lo desconocido. Personas que han aprendido a encubrir a Temor a través de los celos, las vanidades de esta vida y una diversidad de prejuicios, por estar llenas de él.

Entonces Soledad me contestó:

—*El temor en las personas viene cuando no existe un gozo o ese júbilo que les permitiría ver la vida con optimismo. No existe ese gozo en ciertas personas porque tampoco ha existido un amor verdadero, una aceptación en ellas mismas o para ellas de parte de quienes ellas han esperado recibirlo. Cuando las personas tienen temor a algo es porque sienten que algo se va a destruir (aunque sea algo que no pueden ver), cuando en verdad el temor ayuda a definir eso que aún no se puede ver.*

—¿Y tú crees que yo no experimenté ese mismo Temor en mi vida? —le reclamaba yo a Soledad, porque al parecer mi furia aún no había terminado—. ¡Oh, perdóneme, Señora Soledad! Se me había olvidado que usted ya conoce toda mi vida.

—No sé por qué a veces eres tan sarcástico, Hiram —comentó Soledad.

—¿Recuerdas cuando acababa de salir del servicio militar? —le pregunté, tratando de vindicar mi enojo.

Esa misma experiencia también puede tenerla cualquier persona que esté saliendo de un ambiente conocido para entrar a otro desconocido, o aun cuando las personas se están moviendo de una ciudad a otra por causa de trabajo, universidad o emigrando de otro país. Fue durante ese tiempo de reajuste, en el que me estaba costando acoplarme a un nuevo ambiente o a un estilo de vida diferente y no me sentía parte de ninguna comunidad o por lo menos conectado con algo o con alguien que pensara igual que yo; temía que no me aceptaran por mi forma de ser tan militar y quería poder identificarme con las mismas afinidades. Ese fue un tiempo de mucho desinterés, para mí, pero fue entonces cuando escuché la voz de Temor y su voz me pareció sincera, cuando lo escuché decir: "Tienes miedo de ser aceptado, ¿verdad? ¿Sientes no poder identificarte en este nuevo ambiente?".

—Soledad, no es que haya sido débil en ese momento, pero no me quedaba otra más que afirmar sus mismas ideas. En ese momento él supo cómo entrar a mi corazón. Siendo muy astuto, de voz convincente y muy persuasivo para establecer una amistad conmigo, él supo hacerme esas preguntas con gran estrategia; eran preguntas cerradas que solo pedían un "sí" o un "no" de mi parte, para no darme la oportunidad de explorar esa duda más abiertamente. Qué estúpido fui al escucharlo.

—Ahora comprendo que sus preguntas siempre han sido así, siempre han sido muy determinadas, sin dejar ninguna posibilidad para analizar, comparar, reflexionar o profundizar en el tema. El únicamente espera de las personas una respuesta precipitada, aun sabiendo lo inseguras que las personas se estén sintiendo.

Cada pregunta cerrada que él hace se convierte en un interrogatorio. ¿Acaso así es como él se introduce en las personas con quienes desea tener una amistad? ¿Interrogándolas? Es porque esa es la única manera en la que él puede lograr su objetivo.

—¡Qué estúpido fui! ¡Qué fácil me dejé llevar por el imbécil Temor! Después él mismo me hizo sentir que ya éramos mejores amigos por haber aceptado su compañía. Según él, sus intenciones eran formar una alianza conmigo.

—¿Alianza? ¿Y quién quiere tener una alianza con ese estúpido? Solamente las personas que no se aman a ellas mismas o que no sienten amadas son las que desean buscar sus consejos y su compañía.

—Soledad, tú me entiendes, ¿verdad? —de repente volví a sentir ese miedo de no ser entendido o aceptado, tal vez, aun por la persona que decía apreciarme mucho.

Y con el miedo de no ser entendido, no le di tiempo a Soledad para que me consolara y seguí explicando mis razones:

—Yo sé que por mi misma falta de aceptación en ese entonces no pensé tener a alguien más que me pudiera escuchar. Temor bien sabía que así me sentía y sus manipulaciones no se hicieron esperar; sus palabras tan convincentes solo me hacían pensar que él era el único que me podía entender.

Recuerdo que, en todas esas experiencias similares a esta, cuando no sentí el apoyo o la aceptación de los demás, su voz era la que me decía siempre lo mismo: "Mira, no hay nada de malo en que aceptes mi compañía, yo no deseo herirte y sabré cómo guiarte. Junto a mí encontrarás el mejor amigo que siempre te sabrá escuchar y te ayudará a levantar muros de defensa o una protección para que nada malo te pase. Juntos estableceremos nuestra zona de confort para que te sientas resguardado y entres a ella cada vez que lo desees; yo allí te estaré siempre esperando. Es más, gracias a mi prestigio, yo te llenaré de más amistades, a quienes sé que les gustará conocerte, y te prometo que ni ellas ni yo nos iremos de tu lado". Así fue como recordé las palabras de Temor.

¡Qué palabras tan alentadoras! ¿Quién se puede oponer a tan agradable invitación? Es como si él ya supiera de antemano lo que necesito y en verdad siempre me había hecho pensar que él deseaba lo mejor para mí. Era darle la razón ciegamente, sin necesidad de meditar sobre las consecuencias de tenerlo a mi lado. ¿Por qué habría de hacerlo si sus intenciones siempre parecían tan sinceras y sin crueldad alguna? —solamente estaba tratando de explicarle mis sentimientos a Soledad.

Y qué cinismo más grande: sin demorar más, recuerdo que él ya tenía a todas sus amistades atrás de la puerta, esperando únicamente a que él las llamara. Tal vez esa era su estrategia para evitar que yo cambiara mi decisión; en ningún momento me dio la oportunidad de analizar toda su manipulación.

Soledad, tranquilamente, comprendía el estado en el que me encontraba. Yo estaba furioso y con mucha molestia al recordar todas las veces que había tenido mis encuentros con Temor. Fue entonces cuando Soledad me dijo:

—*Las compañías de nuestros sentimientos nunca vienen solas, el temor en la vida de las personas invita a la aflicción, después la necesidad se hace presente, la desobediencia no quiere quedarse atrás y, sin darnos cuenta, ya tenemos muchas emociones o sentimientos involucrados en un solo episodio de nuestra vida. Todo se vuelve un caos por no prestar atención a lo que estamos sintiendo y ver cuál es la mejor manera de manejar cada sentimiento o emoción que se está considerando* —Soledad, mientras decía estas palabras, me abrazó para hacerme sentir que no estaba solo.

—Sí, te entiendo, ahora pienso que así es como todos, sin darnos cuenta, caemos en un ciclo que a muchos nos parece normal, mas es un ciclo en el que todos nos volvemos víctimas de nuestras propias emociones y sentimientos, sin darnos cuenta de las consecuencias. En mi caso, Temor me presentó a su amiga Necesidad; después Necesidad me haría sentir obligado a buscar a Temor, con el pretexto de hacerme sentir más seguro y, por la misma influencia de Necesidad en mi vida, ella me presentó a Desorden y a Desobediencia. Temor es como una telaraña que se forma en los lugares vacíos de las personas y, al tomar posesión de ese espacio vacío, le gusta llenarlo de todas sus amistades, llamando así a Resentimiento, Tradición, Aflicción, Desilusión, Odio, Conmiseración, Baja Autoestima, Indiferencia, Egoísmo, etcétera.

Engaño

Enlace: No hacía mucho tiempo, tal vez meses antes de haber caminado por las calles de la capital, que yo me había deprimido por un tiempo. La depresión en mí no era cosa normal o frecuente. Si yo le hubiera comentado a alguien que estaba deprimido en esos días, me lo hubieran tomado como un chiste. Recuerdo que esa depresión me llegó al haber recordado la separación que tuve de una amistad que aprecié mucho.

Y la verdad es que debo ser honesto conmigo mismo y no hacerme el sufrido; todos hemos padecido alguna forma de engaño, ya sea por nuestras propias expectativas (causa propia) o por la perversidad de otros (causa ajena). Pasar por un desengaño no es cosa fácil, ya que uno a veces ha puesto todos sus recursos, todas sus metas y sus sueños en esas personas u objetivos en la vida que para uno mismo parecían tan prometedores. Lo que me ayudó mucho a superar tal depresión fue que siempre he pensado que todas las relaciones entre seres humanos son como estar jugando con inversiones en el mundo financiero. Hay personas que invierten arriesgando mucho y hay otras que, miserablemente, solo dan conforme a lo que les sobra. Varias personas pensarían que yo entro en la primera categoría y otras pensarían que mi disposición siempre ha estado en la segunda, pero la verdad es que nadie tiene ese gran don de satisfacer a todo el mundo. Ese es el caso de todos nosotros, pero no por estar en ese mismo predicamento tenemos que ser engañados o engañar a los demás.

Recordando cómo fue esa separación o cómo terminó esa amistad, me di cuenta de que el engaño siempre es intencional; cuando no es intencional, es simplemente una desilusión. Engañar no es otra cosa más que mentir, falsificar, traicionar, adulterar, aparentar, fingir, exagerar, disfrazar y todas esas conductas que tienen la intención de ocultar algo que no se desea mostrar, reconocer o revelar, es por eso que el engaño siempre es la forma más indigna de tomar ventaja de los demás o de traicionarse uno mismo.

Pero durante esa depresión —que me duró un tiempo prolongado— me preguntaba si acaso puede una persona engañarse a sí misma (con intención). Y creo que sí puede, porque cuando estamos subidos en nuestro caballo (nuestro estúpido ego) y no deseamos ver la realidad de las cosas por temor o por capricho; ese mismo orgullo puede dañarnos y no se le puede echar la culpa a nadie más que a nosotros mismos. Eso es lo que yo pensé cuando me pregunté si podíamos engañarnos a nosotros mismos. Pero, ¿cómo? Entonces, al no estar contento con esa respuesta, para darme una mejor explicación, yo tendría que aclararme quién es Engaño.

¿Quién es Engaño?

El invierno acababa de terminar y los primeros colores de la primavera ya estaban dándose a conocer. La primavera siempre ha sido una estación que me ha traído mucha buena vibra y mucha energía, porque en ese tiempo me gusta pasármela en el campo, rodeado por la naturaleza, con los árboles ya llenos de hojas verdes, oyendo el sonido de los ríos.

Pero en aquella ocasión no fue así; esa temporada me estaba trayendo muy tristes recuerdos y era como si todo se me hubiera juntado. Después de haber estado meditando el otro día acerca de ese ciclo de desagradables encuentros que tuve con Temor y Necesidad, no podía quedarme tranquilo ni dejar de pensar en Engaño. Y así es, no voy a negar que Engaño tomó mucha ventaja de mí, como también yo tomé ventaja de otras personas en compañía de él. Yo no tendría el valor de ser transparente con mis memorias si no tuviera la intención de hablar de todos estos personajes tal y como son y de desenmascararlos sin pena y sin prejuicios.

Nuevamente, en una primavera más, me encontraba caminando por los senderos del parque que tanto he amado. Pero en esta ocasión, con una actitud muy diferente. Esta vez quise platicar con Engaño, como si los dos nos hubiéramos encontrado para juntos caminar por el bosque.

Y así fue como comencé la plática:

—¿Qué puedo decir de ti, Engaño? Todos te conocemos; aun la persona más transparente en este mundo puede platicar acerca de lo falso que eres y, por ser tan embustero, también eres un imbécil. ¿Y por qué imbécil? Porque tu misma ignorancia continúa y continuará haciendo daño a las personas, sin saber que el daño te lo estás haciendo tú mismo.

—Engaño, tú eres un hombre muy seductor, tú sabes todo acerca de coquetería y pretensión y siempre logras llamar la atención con tus palabras suaves. Tú tienes experiencia en cautivar las mentes de los demás o en hacer que las personas especulen para que entre la duda en ellas y, si las personas no tienen cierta información en ese momento, sus corazones ya habrán sido arrebatados por tus anzuelos y tus artimañas. No niego que seas un gran negociante en todos tus asuntos: si se trata de tener lástima, tú sabes cómo convencer a los demás para lograrlo; si se trata de luchar por algo, tú sabes cómo manipular la situación y vigorizar los deseos o las intenciones de los demás para pelear por esos ideales. Siempre has sido un hombre muy vanidoso cuando deseas serlo; eres piadoso cuando necesitas serlo, eres comprensible cuando se requiere serlo, eres enérgico cuando se te obliga a serlo, eres intimidante cuando apremia serlo; también eres sensual cuando amerita serlo, pero todo a cambio de sacar provecho para tu propia conveniencia. Cualquier actitud que tú tomes depende de qué ganancia o provecho personal encuentras detrás de esa situación por la que tú estés abogando y así cambiar la forma de pensar de las personas según el enfoque que merezca tu flexibilidad. Tu artimaña o tu habilidad de mentir, de exagerar, de aparentar, fingir o engañar surgen cuando sientes la necesidad de competir con los demás, sin darte cuenta de que no hay ninguna necesidad de llegar a los extremos. Simplemente, si tan solo aprendieras cómo aceptarte tal y como eres, tal vez serías más feliz. Creo que si yo deseara compararte a un animal, el primer nombre que se me vendría a la mente sería el del camaleón, pero qué lejos estaría de la realidad, ya que el camaleón se queda muy atrás en cuanto a todas las estrategias que tú tienes en tus manos o por tu forma de ser para con los demás. Ahora bien, si junto todas tus cualidades, ellas me llevarán a un pulpo mismo y a todo lo que ese pulpo logra hacer. Esa es la mejor comparación para expresar aquello de lo que eres capaz para lograr tus objetivos.

—Yo siempre me he preguntado cómo llegaste a convertirte en Engaño. ¿Acaso fue represalia por haber sido defraudado? ¿O acaso nunca te ha gustado hablar con la verdad porque al hacerlo no encuentras diversión alguna? ¿Qué sientes cuando logras engañar a las personas? ¿Te sientes más listo que ellas?

—Yo sé que cualquier razón o motivación que tengas para engañar a los demás nunca fue algo heredado, sino más bien algo muy bien aprendido. Lastimosamente, no te estás dando cuenta de que tú haces a las personas víctimas de tus engaños, pero después, cuando desees que alguien te crea, nunca lo vas a conseguir. ¿Acaso no crees en el karma? Tú crees que has podido burlar a muchas personas, pero después estarás gritando "allí viene el lobo" y la gente preferirá ignorarte y darte la espalda. Aunque tú mismo culpes a los demás por su abandono hacia ti, nunca recapacitarás acerca de que eso fue lo que sembraste. Qué tristeza es ver que tú mismo has estado cavando la zanja donde vas a caer.

—Lo que no te ayuda a ver la realidad de tu vida es que has sido muy inconforme y, al no poder satisfacer esa inconformidad, te has inventado tantas ideas que ahora hasta tú mismo te las crees.

—Sabes, yo recuerdo el día en que te conocí; tú quisiste que yo te escuchara y te escuché. Caí en tu trampa porque en el fondo supe que tu corazón no era malo, no estaba lleno de malas intenciones; simplemente tu dolor se debía a que no querías quedarte fuera de los demás, fuera del círculo. Desgraciadamente, una pequeña mentira me llevó a seguir viviendo tu actitud de exagerar constantemente. Afortunadamente, pude salirme de ese ciclo bien temprano, antes de llegar a perder mi propio respeto.

—Pero si no lo hubiera logrado, mi descenso se hubiera notado al usar esos mismos métodos deshonestos que tú acostumbras usar, como el chisme, la calumnia, la exageración y el escándalo, cosas con las que tú sabes adornar muy bien tus vestiduras para que tus palabras sean mejor aceptadas y aparenten ser más válidas.

—Vives tan inseguro que tu propia terapia es hablar murmuraciones de los demás y llenar tu casa con hipocresías o pretensiones.

Ese día en el bosque no había sido nada agradable. Muchas memorias vinieron a mi mente. Yo aún no estaba dispuesto a regresar a casa. Pero después de haber estado meditando por un largo tiempo acerca de ese engaño que nos hacemos o hacemos los unos con los otros, llegué a esta reflexión:

La raíz de todo el mal que causamos es la ignorancia. Es una ignorancia el no hacer conciencia de que existen leyes espirituales o del mismo karma, que no pueden ser pasadas por alto. Muchas personas solo aplican la ley de sembrar una semilla para alcanzar ciertas ganancias para uno mismo, pero esa aplicación es más profunda de lo que nos imaginamos, porque al engañar a las personas no solamente estamos sembrando algo negativo para los demás sino también para nosotros mismos. Tal vez si nos diéramos cuenta de las consecuencias emocionales que acarreamos para nosotros mismos, llegaríamos a entender todo el cuadro negativo que esta conducta implica; solamente así nos sería más fácil refrenarnos y mantenernos fuera de esa trampa.

Desilusión

Enlace: Tal vez quise seguir caminando en el bosque ese día porque yo aún tenía dudas que resolver. Cualquier persona pensaría que Engaño y Desilusión son iguales. Pero no son parientes, ni son gemelos; son dos entidades muy distintas. Engaño actúa con premeditación, mientras que Desilusión es el resultado de una esperanza que no pudo hacerse realidad.

Las desilusiones vienen por uno mismo; a nadie podemos echar la culpa por nuestras decepciones o nuestras frustraciones. Nos formamos ilusiones de muchas cosas, pero cuando las personas o las metas no llenan nuestras expectativas, el error no estuvo en ellas sino en nosotros mismos. Aun así, hay mucho que aprender cada vez que pasamos por una Desilusión.

Ya casi terminando mi paseo en el bosque, me pregunté: ¿Cuántas desilusiones tuve? Muchas, y aun me faltan muchas más. Las desilusiones le dan un color diferente a la vida, son como las estaciones del año; ahorita que me encuentro paseando por este hermosos bosque sé que apenas estoy disfrutando la primavera cuando el verano pronto comenzará a quemarnos con temperaturas tan altas que no iremos a soportarlas. También sucede cuando el otoño se viste de bellos colores y desearíamos que esos colores se quedaran adornando la naturaleza mucho más tiempo, pero en cambio las hojas comienzan a caer, anunciándonos que ya viene el invierno. Así es Desilusión, quien nos ayuda a recordar que nada es permanente, todo es pasajero y nunca es bueno tomar nada como un hecho absoluto.

¿Quién es Desilusión?

Si después de haber aprendido mi lección yo traté de distanciarme de Engaño lo más que pude, en el caso de Desilusión no era el mismo sentimiento. Desilusión me ha acompañado muchas veces en mi vida, y no lo digo con despecho; simplemente ha sido porque yo siempre fui una persona muy soñadora.

¡Si así es, Desilusión también existe! Hace mucho que no hablo con ella. Será porque ella sigue viviendo en Los Ángeles, CA, y ahora yo estoy viviendo cerca de Washington, DC.

¡Ay, mujer, ahorita que te estoy recordando! ¡Cuántas veces no estuviste a mi lado! Siempre me he considerado una persona muy apasionada, muy soñadora, con muchos ideales y con el gran deseo de cambiar el mundo. Yo creo que, cuando las personas empiezan a soñar mucho, tu intuición se hace notar para tocar en la puerta de ellas y que te inviten a compartir sus sueños. Es como si tú te dieras cuenta cuando el vecino está tratando de plantar algo nuevo en el jardín; no faltará mucho tiempo para que tú llegues y le preguntes qué es lo que está sembrando. Tu curiosidad siempre ha sido extraordinaria. Pero llegará el día en que ese jardín comience a dar sus primeros desafíos y tú seas la primera en avisarle o recordarle el día que comenzó entusiasmado con esa tarea y lo que ahora está enfrentando (las plagas, el tiempo, animales grandes, la paciencia, etc.). La verdad, no creo que seas inoportuna; simplemente eres muy calculadora.

De todos modos, Desilusión, con el tiempo he aprendido aceptarte y de vez en cuando no me dejas olvidar que allí estás a la mano (tan solo una llamada por teléfono para recordarme la amistad que siempre hemos llevado), para platicar muy cómodamente conmigo. ¿Será que, después de todo, somos tan buenos amigos porque aún sigo con una mente muy positiva? Quien no te conoce, te maldeciría y te diría hasta de lo que vas a morir.

Tú siempre has sido una mujer apartada que no está en busca de amigos y los pocos amigos que tienes son elegidos solamente por los tantos años de ya conocerlos. ¿Será por eso que has sido mi amiga? Pero yo creo que esa falta de amistades es simplemente la tendencia y el temor a ser juzgada injustamente, criticada o despreciada. No dejas de ser una mujer soñadora con ideales muy altos y que te gusta vestir correctamente; hablo de esos hermosos vestidos tratando de estar siempre a la moda, pensando que de esa forma lograrás complacer a tus amistades o hasta a ese público más exigente; desgraciadamente, siempre estás esperando recibir el reconocimiento de los demás. Y, al pensar esto de ti, ahora me doy cuenta de que en cierta forma eres insegura.

¡Mi bella niña! Ahorita estoy platicando contigo como si te tuviera cerca. ¡Eres toda una joven soñadora! Y te lo he dicho de cariño, porque aún te falta mucho que aprender de la vida. Eres una mujer que hace todo con el propósito de sentirse tomada en cuenta o por lo menos ser apreciada hasta en el más mínimo detalle, ya sea en tu forma de hablar, en tu vestir, y hasta en la forma en que ejerces tus tareas cotidianas.

Desilusión, perdona si te lo mencioné así de frío, pero tú ya conoces cómo soy cuando deseo decir la verdad; no me cuesta mucho y a veces soy muy cruel al decirla. Tú nunca has sido una mujer encantadora; aun así, tu constante esmero en tratar de serlo siempre te ha llevado a ser extraordinaria, muy llamativa, seductora y bastante sugestiva; es como sugerirte que todo el trabajo que has invertido en ti misma al parecer siempre te da los resultados deseables. Es por eso que he dicho que eres muy calculadora. Tú siempre has sabido cómo llamar la atención de todas las personas, con encantos disfrazados y usando un lenguaje seductor. Siempre sabes cómo presentarte para cada ocasión.

¿Eres atrevida? ¡Dímelo a mí! Tal vez por eso nos hemos frecuentado muchas veces; siempre has logrado que yo me atreva a soñar, porque haces uso de tus encantos, pero después nos ponemos a llorar juntos por las equivocaciones que nos dimos, aunque siempre lo has hecho con bastante discreción, para no ser despreciada al instante de cada nuevo encuentro. Así, has logrado provocarme con esa sensualidad que sabe cómo entrar en la mente de todos nosotros.

¿Pero sabes qué aprecio mucho de ti? Desilusión, tú eres una mujer callada, pero tienes una voz encantadora que, al escucharte sin verte físicamente, cualquier persona caería rendida en tus encantos. Eres como aquella voz encantadora que se puede escuchar en la radio y uno queda con los deseos de conocerla personalmente.

Aunque también te diré lo que más desprecio de ti: Desilusión, tú aparentas tener principios y valores muy decentes y ser muy escrupulosa, pero tus intenciones siempre son hacernos sentir lo más ignorantes que se pueda y muchas veces ese mismo sentimiento ha llevado a otras personas a su propia ruina, porque no tuvieron la energía o la motivación para volver a levantarse y seguir soñando.

Pero no te echo completamente la culpa, solo sé que tu compañía tan seductora hace que las personas siempre lleguen a tomar decisiones de manera muy ingenua y nunca planeada; simplemente esas decisiones se vuelven el resultado del juego, de la diversión, de la irresponsabilidad, del pasatiempo, de la distracción, de la fiesta y de la falta de madurez con que se toma tu compañía.

¿Y por qué no se puede tomar tu compañía un poco más seriamente? Es porque a muchas personas se les olvida que tu aspecto más hermoso es tu misma juventud, tu energía jovial y la falta de aburrimiento. Tú nunca estás aburrida, en ti nunca habrá cansancio y nunca una demostración de fastidio o de disgusto; todo lo contrario, hay cierta energía inagotable y persistente en todas las amistades que tú comienzas. Creo que cuando dejamos de soñar es cuando dejas de interesarte por nuestra amistad. Pero al tenerte como compañía, tu chispa y tu energía nos contagian con una magia inexplicable y un encanto sin palabras, y es porque tú sabes cómo causar un hechizo y una fascinación que hacen que cualquier persona se rinda ante ti. Tú no conoces de medidas, edades ni prejuicios, pero tampoco consideras las consecuencias de tus aventuras. Desilusión, eres una mujer muy natural, pero es difícil que alguien logre complacer tus necesidades y tus demandas, las cuales siempre son puestas sobre la mesa después de establecer una nueva amistad. ¿Y cuáles son tus necesidades y tus demandas?: no tenerle miedo al cambio, no dejar de soñar, no tenerle miedo a la crítica y siempre vivir con ese espíritu de niño o de joven.

Recordar las veces que estuvimos juntos sería contarte toda mi vida. Tú has sido mi amiga en las inversiones que he hecho, y hablo de inversiones humanas, como también en las grandes compras que he hecho, en las metas que me he propuesto, pero aun con todos los disgustos que me has dado nunca te he reprochado nada y es porque nunca dejaré de soñar y mi forma positiva de ver la vida seguirá conmigo hasta el fin. Así que, si te conviene, puedes mudarte más cerca y que seamos vecinos, para poder frecuentarnos más seguido. Tu amistad nunca me ha asustado.

Las horas habían pasado sin darme cuenta. Fue cuando pensé que ya era hora de retirarme del bosque. Aunque yo podía considerarme de aquellas personas que aman la naturaleza y perder horas en ella, también sabía que todo tiene su tiempo, entonces quise cerrar este paseo largo con una pregunta positiva:

—¿Cómo pueden las personas aceptar la desilusión como parte de sus vidas y no caer más profundo en la depresión o la tristeza cuando la desilusión toque en la puerta de sus corazones?

Viendo que el sol ya se estaba ocultando, pensé que esta iba ser otra pregunta sin respuesta; mas, en cambio, por el hermoso atardecer que ya tenía enfrente de mí pensé:

—*Creo que deberíamos cultivar más el valor de ser imperfectos, de poner límites y permitirnos. El ser o sentirse vulnerables no demuestra debilidad, simplemente es comprender que fuimos hechos para batallar y para ser fuertes a la misma vez. Ser auténticos es una práctica de saber dejar ir lo que supuestamente pensábamos o suponíamos que deberíamos haber obtenido. La autenticidad en nosotros siempre demandará vivir y amar con todo el corazón, aun cuando sea duro y tengamos miedo a la desilusión. Muchas veces queremos mantenernos en nuestra zona de confort para tratar de evitar la desilusión, en vez de seguir procurando la autenticidad y la honestidad, aunque tengamos que experimentar ratos de depresión, ansiedad, acusación, resentimiento, lástima, etc., y es que de no hacerlo estaremos sacrificando lo que somos realmente por lo que pensamos que la gente llegará a pensar que vale la pena o no vale la pena para nosotros. Explorar quiénes somos realmente va a requerir varios tropiezos con Desilusión.*

Desobediencia

Enlace: ¡Cuántas veces no hemos deseado regresar a nuestro baúl de los recuerdos porque esa canción que oímos en la radio nos trae vivas memorias del pasado! Cada vez que esto pasa, los primeros pensamientos que vienen a mi mente son todas esas etapas de rebeldía, desobediencia y aventuras, de amores que me llevaron directo a la luna. Estos recuerdos me transportaban a una de las edades más propensas y encaprichadas para vivir en desobediencia: la adolescencia. Aunque la adolescencia no pudo calmar mi energía, creo que yo seguí en la desobediencia aun después de mi adolescencia. Tal vez eso fue porque, si la persona tiene un espíritu rebelde, esa desobediencia seguirá en su vida, ya que también existe desobediencia civil, desobediencia religiosa, desobediencia política, etcétera.

Ya era un poco después de medianoche y yo aún me encontraba escuchando música con mis audífonos. Era necesario ponerme los audífonos porque si alguien llegaba a saber el tipo de música que estaba escuchando pensaría que yo aún seguía sirviendo (o adorando) a Satanás. Bueno, se oye raro pensarlo así, pero es que eso fue lo que todos creían cuando en mis años más jóvenes ellos me oían tocar música de grupos como Led Zeppelin, Rush, Pink Floyd, Creedence Clearwater Revival, etcétera.

¿Pero qué hacía yo aún despierto después de la medianoche? Lastimosamente, siempre había tenido el problema de no poder dormir como los demás. Si algún ruido, por muy pequeño que fuera, me despertaba, mi mente tomaba por hecho que yo ya había dormido lo suficiente, aun si había dormido tres horas o media hora nada más. Y esa noche, aunque traté de dormirme temprano, algo me despertó (un ruido), como si alguien hubiera tocado la ventana de mi cuarto para decirme que estaba afuera esperándome.

Fue tan grande y tan inesperada mi impresión que en verdad pensé que alguien había tocado la ventana para irnos por allí y cotorrear un rato a horas ya avanzadas de la noche, imagen que me llevó a mis años de adolescencia haciendo lo mismo y luego escuchando esa misma música en mis audífonos; no pude abandonar la idea de pensar en mis años de desobediencia. Esos tiempos fueron una etapa de rebeldía en la que, como jóvenes, estamos sintiendo que nadie nos entiende o que es necesaria la irreverencia, porque de acuerdo con nuestra percepción estamos viviendo una injusticia o presenciando un acto parcial. Pero lo que antes fue desobediencia para ciertas personas con los años se puede convertir en recuerdos llenos de aventura y oportunidades para impartir lecciones aprendidas.

Aunque ahora, ya más mayor de edad, me he dado cuenta de que la desobediencia será siempre la mejor maestra para mostrarnos nuestros errores, nuestro ego y nuestras debilidades, también me he dado cuenta de que la paga por ese aprendizaje pudo haber sido aún más alta de lo que podíamos sufragar. Pero, con todo ese precio tan caro que pagué por mi propia desobediencia, nunca podré olvidar los ratos que tuve a su lado.

¿Y qué la hace tan especial para no poder olvidarla?, me pregunté.

¿Quién es Desobediencia?

Desobediencia fue otra amistad que tuve cuando yo vivía en Los Ángeles, CA. La conocí en mis años de preparatoria (*high school*). ¿Qué no me enseñó Desobediencia? Ahorita que me encuentro descansando en mi cuarto, al estar escuchando esta música, llegan a mí muchos recuerdos de todo lo que hicimos juntos, Desobediencia y yo. Mi mente me lleva a todos esos recuerdos; es como revivir una película de diferentes géneros: acción, terror, aventura, drama, romance, melodrama y hasta una comedia llena de risas.

¡Desobediencia! ¡Desobediencia! ¡Qué aventuras las nuestras! Si yo escribiera un libro aparte de todas nuestras aventuras, sin lugar a dudas muchas personas quedarían asombradas por las tantas boberías y estupideces que hicimos juntos, pero también sé que ese libro se volvería un *bestseller*. Sin duda alguna relacionarían la música que escuchaba, tu forma de ser tan especial y mi rebeldía con el mismo demonio, al punto de pensar que ese demonio ya se me había metido en mi corazón. ¿Y acaso no es así con todos los jóvenes? Estos llegan a tales grados de desobediencia que lo único que pensamos es: ¿y a este qué demonio se le metió?

La verdad es que, si algún demonio se me metió en aquellos tiempos, entonces aún no lo he sacado (lo digo riéndome sarcásticamente). Y es porque mi falta de miedo, mi pasión por Libertad, mi rebeldía tan natural y mis deseos de aprender algo nuevo siempre han sido los ingredientes necesarios para que tú siempre te hagas presente.

Desobediencia, a veces no puedo negar que te he extrañado mucho.

¿Cuándo fue que te conocí? Muchos pensarían que fue cuando yo aún era un niño, porque los niños a veces son muy traviesos y rebeldes. Pero no, de niño todos pensaban que yo iba a ser un sacerdote, porque mi dulce y dócil personalidad nunca dio problemas a nadie. Entonces, ¿cuándo se me metió el demonio? ¡Ok, no seamos tan brutos! ¿Cuándo fue que te conocí?

¡Sin lugar a dudas que fue en mi adolescencia! ¡Ay, mujer, y qué adolescencia tuve! Llena de descaro, atrevimientos, desvergüenza e insolencia. Ahora me pregunto: ¿Y este era el "padrecito" que iba llegar al monasterio?

Es que cualquiera que te hubiera conocido se habría enamorado de ti, tú siempre has sido una mujer joven. ¿Joven estudiante? No sé si puedo decir que tuviste estudios o que fuiste una persona culta, porque esas cosas nunca fueron de importancia para ti, ya que la diversión y el placer llegaron siempre a tomar prioridad en nuestras vidas —tu vida— durante ese tiempo. Y qué contrariedades tiene la vida, porque supe que tus padres siempre fueron muy responsables y muy trabajadores, pero tal vez tu rebeldía hacia tus propios padres se debió a que no te dieron el cuidado que tú esperabas o no te supieron escuchar cuando tú más lo deseabas.

Recuerdo esos años cuando eras muy popular entre tus amistades, cosa que te hizo sentir más compensada al no haber logrado tal atención en tu propia casa. ¿Por qué me enamoré de ti? ¿Habrá sido porque fuiste una mujer muy joven con pelo rojizo, ojos grandes y llena de cualidades físicas muy provocativas que te hacían ver como una mujer ya madura y muy atractiva desde temprana edad? Pero esas mismas cualidades físicas que supiste manejar muy bien y tu natural rebeldía te llevaron a tener diferentes relaciones y, una de esas veces que anduviste de relación en relación, me involucraste a mí también.

Ahora entiendo de qué manera estas relaciones que siempre buscaste eran simplemente para llenar un vacío muy grande y cómo, cuando ya estabas cansada de una relación que no podía ofrecerte algo nuevo, terminabas cambiándola por otra. Nunca hiciste conciencia de tu futuro, solo viviste el presente y lo viviste al máximo. En ocasiones lograste amanecer enfrente de tu casa dormida en un carro, como en otras circunstancias también pudiste amanecer durmiendo en tu propia cama, pero con alguien más a tu lado.

Siempre te has comportado como una joven a la que le gusta experimentar todo, ya sea asistiendo al último concierto de *rock*, descubriendo el último estimulante que te ayude a subir la adrenalina o involucrándote en la más arriesgada aventura que envíe un mensaje a todas las personas que te conocían diciendo que siempre has sido libre de hacer lo que tú te propusieras. Pero no sé si realmente eso es ser libre o es una ilusión que tú te habías fabricado.

Tu estilo de vida es toda una saga de malos ejemplos; tal vez el único buen ejemplo que tú le darías a cualquiera es que desde joven has demostrado que eres muy atrevida, que no tienes miedo alguno y sí un corazón muy grande para entregarse a cualquier intención que te dé la gana; nadie te podrá detener simplemente para sentir remordimiento alguno. Los años han pasado, pero sé que sigues siendo terca, rebelde, atrevida, llena de energía, muy coqueta y sensual. Tus ojos grandes y tan hermosos siempre te han hecho más provocadora; con el solo hecho de mirarlos, cualquier persona pensaría que la estás retando con un mensaje subliminal, diciendo: "¿Qué? ¿Acaso no te atreves a domarme?".

Esa era una pregunta que podría ser tomada de manera muy diferente según la propia personalidad. Unos pudieron pensar que esa pregunta era un reto, pero otros se pudieron identificar también con la rebeldía que llevaban dentro. Y ese siempre ha sido mi caso, ya que cada vez que me he identificado con nuevas relaciones deseo conocerlas más al fondo.

Con esa mente tan inquieta que siempre me ha distinguido de los demás, quise saber por qué, Desobediencia, habías llegado a tal grado de rebeldía. Pero nunca me atreví a preguntártelo, porque no quise que sintieras que yo también te estaba juzgando.

Así, esa noche caí en un sueño; me había quedado recordando a Desobediencia, pensando en las cosas que aprendí de ella.

Al despertar, el día aún estaba oscuro, pero no quise seguir tocando el mismo tema con el cual me había dormido. Había decidido esperar hasta que yo tuviera la oportunidad correcta, en mi próximo encuentro con Soledad, para platicar más en confianza con ella.

Pero no pasó mucho tiempo sin que el tema se volviera a dar, y no por iniciativa propia sino porque, cuando hay jóvenes en casa, estos nos hacen recordar esas mismas experiencias por las que ahora ellos son más rebeldes que uno. Así fue como volví a abordar el tema en mi mente, pero ahora tratando de analizar o imaginarme las razones por las que las personas buscan a Desobediencia. ¿O acaso Desobediencia las busca a ellas?

Yo estaba comprendiendo que el tema no es tan fácil de entender cuando lo analizamos de afuera para adentro y nos volvemos muy subjetivos con nuestras conclusiones. Tratando de entender todo desde un punto de vista ajeno me estaba dando cuenta de que cuando las personas no pueden ser sometidas a ciertos parámetros o injustamente son juzgadas por ciertos prejuicios de la gente, Desobediencia se convierte en su mejor aliada. Pero Desobediencia también llega cuando la gente se cansa de estar viviendo en un espacio muy limitado. Por muy cómodo que este sea, a estas personas que no pueden sobrevivir mucho tiempo en esas zonas de confort se las considera muy aventureras, aun sin que tengan ninguna necesidad de violar ciertas normas o estar en desacuerdo con los demás; Desobediencia las anima a ser más independientes. ¿Y qué tal cuando existe todo lo contrario en las relaciones y la persona no encuentra ninguna zona de confort y todo ese completo caos llega a convertirse en temores? Entonces puedo pensar que Desobediencia también tiene oídos para escuchar a los más necesitados y provocarlos para que conozcan a Rebeldía.

Todos estos pensamientos estaban inundando mi mente porque yo no deseaba juzgar mal a ninguna joven por verse involucrada con Desobediencia, sino, más bien, trataba de entenderla. Tratar de entender a Desobediencia no era cosa fácil; muchas veces solamente pensamos en forma reactiva, sin mirar todo el cuadro o panorama por el que alguien (o nosotros mismos) estamos pasando y, al no tomar ese tiempo indispensable para meditar sobre nuestras acciones, siempre terminamos en malas compañías, tomando malas decisiones o pensando mal de la gente.

Pasaron los días y yo seguía tratando de analizar a todas mis amistades que habían tenido ese encuentro con Desobediencia, esa gran amiga aventurera de mi vida. Aun yo mismo no dejaba de analizar mi propia vida y cómo llegué a querer a esta mujer con gran sentimiento.

Y así comencé a comparar las tragedias que habían pasado en la familia para ver si Desobediencia había tenido algo que ver en alguna de ellas.

Allí fue cuando Soledad se me presentó para platicar.

—Sé que has estado muy melancólico recordando a tus seres queridos que ya no están contigo —con una voz llena de paz se manifestó Soledad ante mi tristeza—. Nunca juzgues a nadie; todos los sentimientos, ya sean buenos o malos, solo desean habitar en los corazones de las personas porque desean tener una vida propia. Desobediencia no es la excepción, ella te hará sentir emociones y sentimientos fuertes que estaban llenos de pasión, entusiasmo y rebeldía. Es una energía que puede llevar a cualquier persona a los extremos, esa es su naturaleza. Desobediencia busca solamente escapes, pero la gente, al no entenderla, también permitirá que otras amistades vengan con ella. Ella nunca vive sola y nunca le ha gustado estar sola, en muchas ocasiones Escándalo, Rebeldía, Experiencia, Pasión y Obsesión la acompañan —Soledad dijo esto con una voz que podía calmar la tormenta en cualquier persona.

Y ya con estas palabras pude sentir un poco menos de culpa y más libertad de desear a veces su compañía y no juzgarla por la pérdida de mis seres queridos o por las malas decisiones de estos en la vida. Simplemente comprendí que seguir deseándola como amiga llevaría cierta responsabilidad y madurez de mi parte, para no pensar que tenemos el derecho de acusar a los demás cuando deseamos su compañía o sentirnos víctimas simplemente porque caímos en sus encantos.

Al haber comprendido a Desobediencia desde este punto de vista tan diferente, sentí como si ella misma se hubiera hecho presente, solo para decirme:

—Hiram, me acerqué a ti sin miedo porque verdaderamente vi que tú eras muy diferente, nunca le tuviste miedo a la crítica, no te espantan los rumores y no le tienes miedo a la vida. Pero mi compañía no es para cualquier persona, porque siempre causaré cierto desafío y riesgo de perder mucho en tan poco tiempo, ya que mi lema es ir en contra de la corriente, porque es la única forma de que alguien pueda ver lo que otros no desean ver. Toda una aventura, no te lo niego; aun así, a nadie le he prometido que el camino llegue a ser placentero o seguro, ya que mi presencia siempre se va a lo desconocido. Si no fuese así, yo dejaría de llamarme Desobediencia.

Pero Soledad, conociendo muy bien mi forma de pensar, prefirió aclarar mi mente, diciéndome esto al final:

—*Desobediencia sin conciencia es una destrucción a uno mismo, si las personas no se ponen a reflexionar sobre las razones de sus insolencias para tratar de apreciar todo el panorama que pueden estar juzgando al tratar de calmar el dolor de sus vulnerabilidades. Desobediencia siempre tratará de callar esas emociones dolorosas, como también esas emociones positivas, porque desobediencia se hace siempre con impulso y hacia los extremos; al ser tan impulsiva, tanto puede apagar la oscuridad como apagar la luz de lo que pudieran estar entendiendo mejor durante esos momentos.*

Aflicción

Enlace: Nuevamente me encontraba en horas ya avanzadas de la noche; eran las 2 de mañana y aún no podía conciliar el sueño con las horas normales, porque —como dije—desde hace años atrás yo siempre había tenido problemas para dormir. A veces era tan difícil descansar que tenía que tomar pastillas con receta médica para poder dormir por lo menos unas cuantas horas.

Esta vez, al estar desvelado, mi mente me llevó a todas esas experiencias que me habían enseñado algo en esta vida, porque, después de haber considerado la manera en que todo estaba enlazado: la necesidad, el temor, el engaño, la desobediencia, pensé que también la aflicción había formado parte de mi entrenamiento (o tal vez del de toda persona).

La aflicción puede ser la maestra más dura y violenta en los corazones de las personas. Aflicción es darse cuenta de que hemos perdido algo o a alguien y que nos puede ser muy difícil recuperarlo o tal vez es demasiado tarde; pero no se limita a dejarnos cicatrices y un dolor muy grande por no haber valorado lo que no supimos apreciar en su tiempo preciso.

Con estos pensamientos ocupando mi mente, me estaba dando cuenta de que iba a ser una larga noche. Entonces decidí bajar a la cocina y prepararme un café; esa decisión era ya una forma de decir que me estaba dando por vencido, ¿para qué pelear el sueño cuando no tenía nada que hacer ese mismo día? Aparte de que también era mi día de descanso, así que aproveché y busqué la compañía de Soledad en esa vigilia involuntaria.

¿Quién es Aflicción?

Mi amiga Soledad aún no se hacía presente, pero yo mantenía la confianza en que, al comenzar a platicar de algo, ella me dejaría saber que ya estaba a mi lado. Aunque debo de confesar que muchas veces, aun en mi silencio, ella también me ha hecho compañía.

Sin esperar más, comencé a meditar acerca de esas veces en que Aflicción vino a mi vida. Y, sin que me tomara mucho trabajo, pude considerar que, sin lugar a dudas, la vida puede usar las cosas más inesperadas, las personas más cotidianas o los eventos menos sospechosos para enseñarnos las mejores lecciones de la vida. Y consideré ese punto de vista al recordar el lugar donde conocí a Aflicción y llegué a verla cara a cara. Aunque fuera algo ilógico pensar que ese lugar donde la conocí fue el lugar más absurdo, nunca olvidaré todos los detalles y cada día que estuve luchando conmigo mismo para que su compañía no fuera tan dramática para mí. Es que las personas que viven en ese lugar tendrían justa razón en llamarme loco por compartirles mi historia. Estas personas saben disfrutar de la vida; sus rostros muestran alegría en todo momento, pero no fue así el día que llegué a ellos y durante varias veces que estuve con ellos.

Y les daría toda la razón en eso de que estoy loco, ya que ese lugar al que me estoy refiriendo es la isla del encanto y toda la gente de esa isla siempre ha sido muy alegre, optimista y llena de vida por su música. ¡Por algo es muy conocida como la isla del encanto! Pero, desgraciadamente, Aflicción nunca ha hecho distinción de personas ni de lugares.

Mi inesperada visita a esa isla había sido provocada por dos huracanes de gran dimensión que pasaron por la misma dirección, uno después del otro. Pero el huracán María fue el que destrozó las vidas de muchas personas en pocas horas y yo había sido enviado para ayudar en la reconstrucción, después de que esos dos desastres naturales habían terminado con muchos hogares.

Mi llegada a este lugar fue una experiencia que nunca olvidaré en toda mi vida. Aunque la alegría se había apagado en muchas vidas por tanto daño causado y por haber perdido todo, la gente nunca dejó de ser muy especial, muy expresiva, llena de amor y optimismo en todo momento, aun después de haber pasado por una devastación de enormes proporciones. Mi trabajo allí fue muy agotador y cada día, al acabar la jornada, yo terminaba sin fuerzas en mi cuerpo. Pero los rostros de cada persona desamparada que veía en las calles se volvían mi motivación para dar hasta la última gota de mi energía todos esos días, sin descanso alguno.

Después de muchos largos días, al terminar mi obligación en esa isla regresé a casa, cerca de Washington, DC, pero la impresión que me había dejado Aflicción estuvo conmigo por mucho más tiempo, tolerando y soñando varias noches, tal vez dos semanas, con pesadillas sin poder recuperarme de tal calvario.

Esta experiencia me enseñó muchas lecciones, todas bajo la influencia que Aflicción causó en mí. Comprendí que Aflicción es una mujer amargada, llena de deberes, llena de quejas y reclamos; ella siempre vive culpando a los demás, con una ira que la consume, una inseguridad por no saber cómo encontrar alivio y un miedo que frecuentemente es fabricado por su propia inseguridad, sospechando de todo y de todos, sospechas que en ocasiones llegan a convertirse en chismes o insinuaciones hacia los demás (son parte de las tradiciones del hombre). Es una mujer con falta de recursos, pero, aun así, los pocos recursos que tiene en sus manos no sabe apreciarlos; su actitud negativa viene por dar más atención a las ansiedades y a las depresiones que ella experimenta frecuentemente. Ella vive en una negación constante que lleva dentro de sí misma y hasta con cierta cantidad de culpa o de ira que ella no ha podido superar. Esta mujer todo el tiempo busca refugio en los demás, sin desear reconocer su forma negativa de ser; esa forma negativa de ser solamente se puede superar cuando ella llegue a vencer el miedo, la culpa, la depresión, la ansiedad, la negación y la ira que lleva por dentro. Fue interesante ver cómo ella, cuando encuentra a otra persona con alguna de estas seis cualidades, se vuelve una inseparable amiga.

Aunque estoy encarnando la imagen de Aflicción sobre el ser humano, no es lo que vi en todos los habitantes de esa isla del encanto; todo lo contrario. La gran mayoría de ellos me llenaron de esperanza, vida, alegría y gran humor en medio de tanto desastre, pero también tuve la oportunidad de conocer personalmente la cara de Aflicción después de terminar cada día que pasaba. En mis pocas horas de descanso y ya en la noche, cuando la luna resplandecía sobre el mar, con su brillo hermoso, toda esa angustia caía sobre mí. Durante esas horas de la noche, yo solía salir a caminar y platicar con esta persona mientras disfrutaba mi pipa y mi tabaco. Su triste semblante no se debe a que ella sea fea: todo lo contrario, es una mujer hermosa, algo que ella no deseaba reconocer, pero ese rostro tan bello que yo vi en ella, ella nunca pudo descubrirlo porque le era difícil disimular el espíritu de derrota que llevaba dentro. Su falta de valor ya no le daba la energía para rehacer sus ilusiones o generar nuevos sueños. Esa misma falta de valor la hacía sentirse más intimidada y más fácilmente vulnerable por la incertidumbre, al punto de inmovilizarse y sentirse estancada.

La vida la había marcado con la tragedia de haber perdido todos sus seres queridos y hasta el hogar que antes podía decirse que era su propia casa. Cualquier cosa que fuera desconocida para ella se volvía un terror insuperable. Ella ya no estaba dispuesta empezar de nuevo, ahora solo buscaba echar sus raíces en lo que aún pudiera ser familiar para ella; lo conocido se había convertido en su pequeña zona de confort. Por su propia inseguridad, ella amaba más la tradición y las costumbres, por muy erróneas que estas pudieran ser; la energía mental y emocional de aventurase a algo nuevo ya no existía para ella. Así es como Aflicción puede terminar con las vidas de los que menos nos imaginamos, porque Aflicción siempre llega sin previo aviso.

Aflicción no solamente era una mujer que podía terminar con la vida de los demás; también tenía la forma de acusarse constantemente, haciéndose preguntas como: ¿Qué hice yo para provocar esto? ¿Por qué me pasa esto solo a mí? ¿Qué castigo estoy pagando? ¿Por qué yo? ¿Por qué a mi niño(a)? Y aunque estas parecieran preguntas válidas que ella se hacía para tratar de conocer más a fondo sus propios sentimientos o las causas del problema presente, eran solamente parte de una autocrítica que estaba llevándola al extremo y a los remordimientos. Ella no se estaba dando cuenta, pero ese mismo juicio solo aumentaba las posibilidades de hacerla caer en periodos de depresión o ansiedad aún más largos que lo normal.

Ahora entiendo por qué Aflicción vivía constantemente aislada, y es porque ella se juzgaba severamente; pero otras veces era simplemente porque la gente ya trataba de evitarla. Y no es que no existiera justa razón para afligirse; simplemente ese afligimiento se había convertido en algo crónico, y ella ya no quería escuchar a los demás porque la depresión y la ansiedad habían tomado el control de su corazón y de su razonamiento.

Aún recuerdo su rostro muy claramente y no sé si ella fue el motivo de mis pesadillas por no haber podido hacer algo por ella. Y es que ella trató de buscar mi apoyo simplemente para sentirse más justificada de su propia tristeza y el abandono. Esos exagerados niveles de tristeza y abandono fueron sentimientos que la llevaron a la negación de su propia realidad y, al mismo tiempo, hacia una ira que iba para con aquellos que no desean apoyarla o para la misma vida, por haber destrozado todo lo que ella había tenido un día.

Aunque Soledad nunca llegó esa noche para hacerme compañía, pude entender lo que ella trataba de enseñarme con su silencio. ¿Acaso el Maestro no se sintió también abandonado por Dios cuando pasó por su más grande aflicción, en su calvario? Si bien podemos sentir un gran abandono en medio de nuestras aflicciones, nunca debemos pensar que nos hemos quedado desamparados.

Y en medio de ese silencio que me mataba por no tener a nadie con quien compartir esa misma aflicción que me estaba haciendo revivir las experiencias tan difíciles que vive en esa isla, solo lograba encontrar la necesidad de justificar la compañía de Aflicción en las vidas de los seres humanos al pensar que *la aflicción es inevitable en nuestras vidas, pero la motivación de toda aflicción es enseñarnos a relajarnos en lo que es y lo que no es. Aflicción es simplemente una pausa o una apertura que nos ayuda a entender nuestros pensamientos, nuestras emociones, y sentimientos. Aflicción nos puede ayudar a no sentirnos tan culpables y a la misma vez ayudarnos a hacer conciencia de que no siempre es demasiado tarde para cambiar la ruta de nuestras vidas.*

Desenlace del capítulo I: Las enseñanzas

Mi primer ensayo tiene que ver con las enseñanzas que nos da la vida. Todos aprendemos de forma única y muy diferente a los demás; nunca deberíamos compararnos porque otras personas aprenden con pruebas más difíciles o más fáciles que las nuestras. ¿En verdad crees que es así? Aunque así es como desearíamos entenderlo, no siempre es así.

Tal vez mis memorias con Desobediencia llevaron al lector a sus propios recuerdos, o tal vez las experiencias con Temor que compartí hicieron recordar a alguien sus propios temores. Tanto las experiencias de cualquier persona con estos personajes como las mías son reales, y cada personaje de nuestras vidas traerá su propia energía; energía que absorbemos nosotros mismos y nos hace distinguirnos de los demás. Tal vez estos personajes nos hagan reflexionar un poco y podamos preguntarnos qué tipo de energía estamos emitiendo hacia los demás o qué tipo de energía nos está absorbiendo al no saber cómo confrontar estas conductas propias.

Dicen que la primera imagen de la persona habla más que mil palabras. Aun así, fuera esta una imagen buen o mala, todos podemos ser reconocidos con cualidades que no se ven en otras personas, cualidades como una persona rebelde, solitaria, antipática o con cierta forma de decir la verdad muy fría y cruelmente, etc. Por lo tanto, lo más significativo de este primer ensayo sería haber logrado esa reflexión personal de cómo estos personajes tienen la virtud de ayudarnos a descubrir los monstruos que llevamos dentro.

Y por muy amargas que hayan sido nuestras experiencias con Engaño, Desilusión, Temor, etc., no las veamos desde una perspectiva negativa; al ver lo positivo de cada experiencia, aprenderemos más y mejores cosas. Tal vez esa fue la razón de mi propia inclinación a exponer estos personajes con rasgos naturales y hacerlos más sugestivos, no para resignarnos a que sean parte de nosotros, sino más bien para aceptar la influencia que tienen sobre nosotros y saber moderarlos, con el fin de avanzar en esta aventura en la que todos estamos involucrados.

En este primer ensayo, las enseñanzas que nos proporciona esta vida son las herramientas que pueden ayudarnos a salir adelante; no despreciemos ninguna de ellas, por muy difícil de entender que sean. Tal vez cuando las perdamos nos daremos cuenta del gran valor que tuvieron en nuestras vidas y que no supimos aprovechar.

Aunque nunca voy a negar que la vida sea injusta, tampoco voy a suavizar las cosas al decir que la vida solamente nos hace aprender fuera de nuestra zona de confort y no estando en ella. ¿A qué me refiero con esto? Usemos Necesidad como un ejemplo. Las personas que constantemente viven en necesidades aún no han aprendido a vivir sin ellas. No estoy maldiciendo a nadie, simplemente la necesidad de ir siempre de compras, la necesidad por no poder estar a solas, la necesidad de ir al extremo por los hijos (o por el esposo), la necesidad de satisfacer a los demás antes de que ellos puedan sentir una satisfacción más completa, todas estas necesidades deberían ser analizadas desde un criterio más amplio y sin tener miedo de encontrarse con el monstruo que se ha estado escondiendo detrás de esas necesidades. Tener que vivir una vida llena de necesidades no es estar viviendo, es únicamente estar existiendo, y esa forma de existir solamente puede convertir a la persona en miserable.

Ahora pensemos en Temor y en esa falsa zona de confort en la que también podemos caer. El temor en las personas puede llegar hasta a enfermarlas. El temor en ciertas personas puede ser tan grande y tan deprimente que después ya no pueden reconocer la diferencia entre un temor justificado y un temor inexistente. El temor de enfrentar sus realidades, el temor de ser transparentes y saber amarse con toda libertad o el temor de reclamar sus derechos son algunos pocos de los tantos temores que el ser humano puede experimentar al dejarse controlar por otras personas o por circunstancias que ellos piensan que no pueden cambiar. ¿Acaso estos temores que solo saben aprisionar a las personas no las pueden volver más miserables si ellas desean acostumbrarse a él en vez de provocar cambios?

¿Y qué podemos decir del Engaño? Sin lugar a dudas, haber sido engañados nos hace sentirnos algo miserables por haber permitido que la estafa y la mentira tomaran ventaja de nuestras buenas intenciones. Pero haber sido engañados no se puede comparar en nada a la miseria en que se encuentran aquellas personas que han engañado a los demás, al haber tenido que recurrir al chantaje, la mentira y la falsedad como los únicos medios disponibles para lograr sus propósitos. Desgraciadamente esta clase de personas no saben ser más transparentes y honestas con ellas mismas ni con los demás porque no conocen el significado de la integridad y el valor que tiene la sinceridad. En ambos casos, haber sido engañados o engañar a los demás es un ciclo que se debe romper y no caer en sus redes. El formar parte de esta conducta y no salir de ella es olvidarnos de las virtudes más básicas que nos hacen diferentes de los animales irracionales, virtudes como la honestidad, el respeto y la dignidad. No saber apreciar estas virtudes solamente muestra que no las tenemos y no tenerlas nos hace ser personas más miserables.

Aunque la desilusión es algo que en frecuentes ocasiones no podemos evitar porque es el resultado de factores que no están a nuestro alcance, no deja de ser un sentimiento que sí podemos mitigar. El problema nunca ha estado en experimentar cualquier desilusión, el problema está en que tal desilusión se vuelva una excusa para sentirnos derrotados. Hay una gran diferencia en experimentar derrotas o fracasos y volvernos derrotados o fracasados. Aunque nuestras desilusiones sean aún más frecuentes y diversas que las de los demás, eso no significa que tengamos la tendencia a fracasar más seguido; eso simplemente debería de tomarse como parte de nuestros intentos, aunque estos sean más repetitivos que los de los demás. Su redundancia es simplemente una representación de que estamos en un área a la que aún no estamos acostumbrados. Ahora, se vuelve problema si permitimos que las desilusiones nos hagan sentir que somos unos fracasados; nuevamente, todo depende de nuestra actitud. A veces es más fácil sentir o aceptar que somos unos fracasados porque no deseamos salir de nuestra zona de confort, porque salir de ella implicaría más desafíos. Pero desgraciadamente esa actitud de no hacer nada puede hacernos más miserables, porque nos hemos negado a ver la realidad del problema.

Y como la desobediencia puede volverse algo miserable para con las personas que solamente están reaccionando en rebeldía o con pasión a algo que les están afectando, ¿acaso no mencioné que debemos tratar de entender tal comportamiento? La desobediencia es una estrategia divina en la vida que nos permite aprender grandes enseñanzas, pero si no buscamos los motivos de nuestra propia desobediencia, solamente estaremos actuando como un reflejo de nuestras propias emociones y no como una reacción u oposición a aquello a lo que pudiéramos estar en contra. No desear conocernos más a fondo habla de ser muy miserables con nosotros mismos. Y no conocernos a nosotros mismos, como pasa con muchas personas, es la pobreza más grande que puede haber. Muchas veces las personas no desean tomar el tiempo de conocerse por miedo a no saber cómo enfrentar sus propios monstruos, sin darse cuenta de que ellas solas se han estado robando grandes riquezas que pueden hacerlas personas llenas de más virtudes, más grandes cualidades y notables valores, pero para no enfrentar sus propias realidades han preferido esconderse en la desobediencia y el desorden.

De todas las enseñanzas que nos puede traer la vida, la aflicción es la que más dolor puede causarnos. Y muchas veces es de la que más nos cuesta salir. La aflicción no es una virtud; mas, ignorantemente, hay personas que desean vivir en aflicción para poder sentirse más cerca de Dios. Aunque, la verdad, yo no sabría de qué dios estén ellas hablando, porque si Dios es amor, un amor verdadero no puede estar en el mismo espacio donde la aflicción quiere morar permanentemente. Y este pensamiento no es algo para debatir; una vez más insisto en que nadie puede dar de lo que no tiene o no existe dentro de él. Si la persona verdaderamente se amara a ella misma, la aflicción no sería tan tolerable. Es como si pensáramos que el amor de una madre para sus hijos fuera un sacrificio. Un sacrificio es una obligación y, cuando existe una obligación en el ser humano, ese sentimiento ya deja de ser un acto de amor y se vuelve un deber. Y qué miserable sería pensar que las madres solo aman por el deber que ellas sienten por sus hijos. Así es la aflicción en las personas: sentir que debemos vivir en aflicción no es tener amor propio. Las aflicciones son pasajeras, pero el amor verdadero es dar lo mejor que uno puede, incluyendo el dárselo a uno mismo, y así de esa misma forma saber dar a los demás, porque si no sabemos darnos amor a nosotros mismos, somos unos miserables.

Capítulo II

LOS ROMANCES

Libertad

Enlace: Dicen los cuentos populares que un marinero tiene la costumbre de dejar amores en cada puerto que pisa. Y si alguien quisiera saber si esa fue mi historia, no estoy tan lejos de que fuera verdad. Entonces, ¿cuántos amores habré tenido? Muchos, desde muy niño me enamoré de mis maestras, de las vecinas (señoras ya grandes), de las niñas rebeldes, de las niñas tristes y de las jóvenes que supieron cómo coquetearme. Basta con confesar que desde muy temprana edad yo solía salirme de la escuela (a la hora de receso) para brincar la cerca de los vecinos y cortar una rosa para llevársela a esa niña o esa maestra que yo sentía que estaba triste; eso puede dar una mejor idea de mis constantes delirios, siempre andando en las nubes, soñando.

Si yo escribiera una novela con todos mis romances, tal vez tendría suficiente material para hablar de desigualdades sociales y de edades, de amores entre primos, de sueños imposibles, de aventuras inconcebibles y de novelas muy apasionadas.

Pero, generalmente hablando, hayan sido sueño o realidad, los romances son ese tabú que las personas guardan muy dentro, pero que a la misma vez nos han permitido darnos completamente a esa persona o personas y, como resultado, se vuelven las experiencias más difíciles de olvidar y las que más lecciones nos han podido dar.

Y si comparáramos entre las enseñanzas, las enemistades, las tragedias y los romances para saber qué nos dio más lecciones, los romances siempre nos darán un mayor número de lecciones que las demás, porque es al entregar nuestro corazón a algo o a alguien cuando aprendemos una gran variedad de todo, y ese fue mi caso en cada uno de estos romances.

Así que, sin pena y con gran trasparencia, descubramos lo que nuestros romances pueden traer a nuestras vidas. Dar nuestro corazón es más beneficioso de lo que nos podemos imaginar y tener la libertad de hacerlo es lo más asombroso. ¿Dije libertad?

¿Quién es Libertad?

Desde el comienzo de mis ensayos, he recordado ese primer amor, y es porque ella fue una mujer muy especial para mí. Con ella, yo comencé a soñar y a disfrutar un mundo sin prejuicios y sin miedos. Pero al recordarla, mis ojos se opacan; se apagan al saber que ahora ella ya se encuentra en el cielo, y no dudo de que ella esté entre los ángeles más hermosos que han pisado esta tierra o que sea como una estrella de brillo inigualable, que alumbra a todas aquellas personas que ahora viven su ejemplo de cómo disfrutar la vida, incluido yo.

Cuando me enteré de que ella había perdido su lucha contra el cáncer, no pude detener mis lágrimas, y aun en este momento, al volver a pensar en ella, esa tristeza me consume por no poder entender cómo personas tan hermosas y especiales como ella llegan a despedirse de forma tan inesperada de este mundo tan frágil.

—¿Por qué la vida nos quita a personas tan especiales y no nos da la oportunidad de disfrutarlas? —con lágrimas en mis ojos, me hice esta pregunta.

No tenía respuesta para mi pregunta, pero ese momento fue tan solemne que no cabía duda: tendría que regresar otro día en que me sintiera más dispuesto y mis ojos me permitieran recordar a Libertad sin tener que sentirlos mojados o con un nudo en la garganta.

Los días pasaron… Las semanas pasaron… Los meses pasaron… aún me era difícil tocar el tema.

Fue después de haber visto una película cuando Soledad se presentó nuevamente y me preguntó:

—¿La recuerdas con esa película?

—¿Cómo olvidarla, si juntos nos divertimos muy sanamente? —le contesté, sin pensar a dónde me estaba llevando Soledad.

—¿Recuerdas cuando su papá se disgustaba porque andabas con ella? —Soledad continuaba sacándome más conversación acerca de ella.

—¡Ese señor todo lo que quería era casarla con otro cubano! —lo mencioné con gran enojo, como si apenas me hubiera dado cuenta de ese detalle ayer.

—¿Y por qué ella fue tan especial para ti? —preguntó Soledad, sabiendo que ya había logrado llevarme a ese desahogo que tanto me hacía falta.

—No te lo puedo negar Soledad que yo causé muchas envidias al ser su novio. Creo que fui muy privilegiado y favorecido al haberla tenido como mi compañera en la noche de baile de graduación. Todos los ojos estaban puestos en ella y en su pelo largo rubio, que tenía un peinado tan hermoso que parecía toda una estrella de

Hollywood. Pero lo que más la distinguía de las demás era su espíritu tan alegre y una sonrisa auténtica, llena de vida.

Que ella fuera una mujer rubia, de pelo largo y muy hermosa no significaba mucho para mí; fue su corazón lo que me cautivó desde un principio.

Ella siempre fue una mujer muy encantadora, con una sonrisa que aún no se ha podido borrar de la mente de todas aquellas personas que llegaron a conocerla. Libertad vino de una isla, de la perla del Caribe, que por mucho tiempo ha estado bajo la opresión del comunismo, de esa misma Cuba donde nacieron el baile más jacarandoso y el ambiente más salsero.

Por las historias que ella me contaba de sus papás, desde que ella era pequeña aprendió lo que era vivir reprimida y cohibida por las injusticias sociales y políticas de su tierra natal. Al ver su rostro tan dulce y esa mirada llena de luz, nadie se hubiera imaginado que ella ya llevaba varias cicatrices de tiranía, opresión y esclavitud que habían marcado sus raíces y a su familia, al no permitirles la libertad de ser ellos mismos.

Pero después de llegar a un país más soberano y descubrir lo que realmente era tener esa libertad de pensar, esa libertad de hablar, de sentir y de amar, ella pudo apreciar que cada nuevo día vivido era una nueva ocasión para celebrar.

Su hermoso pelo largo que se paseaba con el juego del aire libre siempre me recordaba que una vida sin Libertad (sin ella) no tenía sentido. Y es que, al estar cerca de ella y platicar con ella, se podía sentir esa desenvoltura de volver a ser un niño o de no desear otra cosa más que gozar la vida sin prejuicios, sin miedos, sin pretensiones y con una transparencia que daba el ánimo de ser, sin importarnos lo que la gente pudiera pensar de nosotros, sin preocuparnos aun de su mismo padre y de sus locas tradiciones. En ella nunca encontré tristeza, solamente las ganas de bailar y de celebrar cada momento.

Es por eso que nunca he podido entender por qué la vida nos arrebata a personas como ella. Libertad solamente sabía transmitir amor, paz y esperanza a los demás. Libertad nunca tuvo prejuicios; era tan extraordinaria su capacidad de aceptar a los demás que todos querían platicar con ella para poder escuchar su risa y ser contagiados por su gracia y sus virtudes.

Todo esto parece un cuento de hadas que nunca existió, pero sí fue real. Varios de mis familiares llegaron a conocerla; es más, existe una fotografía en la que yo estoy junto a ella. Cómo me hubiera gustado haber tenido más recuerdos de ella, pero nunca nos dimos la oportunidad de hacer recuerdos para la memoria, ya que al lado de ella solamente aprendimos a disfrutar de la vida en el momento. Nunca negaré que Libertad tenía unos ojos muy claros y muy hermosos, acaramelados, los cuales siempre me idiotizaban y me hacían sentir como un estúpido, al contemplarlos encandilado. Recuerdo que ella cada vez que eso me pasaba tenía que despertarme de ese hechizo diciéndome: "¡Hiram, ya deja de ver mis ojos, bájate de tu luna y platiquemos!".

La mayoría de la gente que la conocía siempre deseaba oírla cantar, porque su voz era tan hermosa como su rostro. Pero el canto no fue el talento más fuerte de ella: para ella el baile era la expresión más hermosa de sentirse libre. Libertad nunca batalló para enamorar a la gente, porque en ella no había ninguna vanidad, engreimiento o jactancia por ser tan especial; el amor en ella fue siempre tan natural e incondicional que libremente lo dio a todos quienes lo necesitaban. Tan solo con su presencia, la gente ya se sentía rejuvenecida y llena de optimismo. Libertad verdaderamente sabía amar esta vida sin temores, sin aprensiones, sin vergüenzas y sin desconfianzas.

Desgraciadamente, la vida nos separó y yo la perdí. Perderla fue para mí la miseria más grande durante mi adolescencia. Había sido tan grande ese vacío que no sabía cómo llenarlo sin ella. Fue por eso que ingresé al servicio militar después de haberla perdido. Pero no podía ser cualquier servicio militar; este tenía que ser el más desafiante, el más duro, para que eso me ayudara a no pensar ya tanto en ella.

Libertad me enseñó a amar y ser libre, pero no entiendo por qué aún existe en mi corazón, como si no pudiera sentirme libre. ¿O será que, irónicamente, ahora puedo comprender lo que es ser verdaderamente libre e independiente? Sin poner más pretextos, desde ese entonces he luchado y trabajado bastante para que otras personas y familiares logren apreciar en sus propias vidas lo que verdaderamente es ser libres.

Desgraciadamente, tener libertad se puede también convertir en la envidia de las personas que no conocen los estragos de la opresión y el control. Libertad en el ser humano nos hace ser más transparentes y originales, sin la necesidad de buscar a quién imitar, a quién envidiar o con quién compararse. Libertad nos hace ser más generosos y más desprendidos. Tal vez el sentirse verdaderamente libres puede causar muchas envidias y hacer que esa persona tenga pocos amigos leales, ya que la gran mayoría le tiene miedo a la censura, a la crítica o al qué dirán de uno. Pero amar la libertad es la cosa más noble y más importante por la que deberíamos luchar todos. Es por eso que este romance fue de gran enseñanza y de muchas experiencias.

El tiempo se me había pasado tan rápido al haberme desahogado con Soledad que ni cuenta me había dado de que Soledad solamente me había escuchado todo ese tiempo.

—Hiram, no fue por accidente que conocieras a Libertad, en ella descubriste el derecho y el privilegio de todo ser humano de ser libre —Soledad sabía lo mucho que significaba Libertad para mí, después de haberme desahogado de tal manera.

Entonces, cerrando el momento, Soledad concluyó diciéndome:

—Nunca olvides que, para poder disfrutar de ese derecho y de ese privilegio de ser más libre, la persona siempre debe comenzar honrando este principio: *el principio de toda libertad es aprender a estar contigo mismo, apreciarte, valorarte y aprovechar cada momento para celebrar que estás vivo.*

Experiencia

Enlace: Aún recuerdo esa ocasión en que en mi familia se había dado por primera vez la oportunidad de que dos personas se unieran en matrimonio aun teniendo una gran diferencia de edades. ¡Qué escándalo! Pero ni tanto; creo que no fue tanto, porque la cultura y la sociedad veían todo eso como algo muy normal. Sin embargo, la historia de las relaciones entre los seres humanos siempre ha sido una gran paradoja. Han existido culturas donde padres entregan a sus hijas como si fuera un negocio o un contrato, sin importarles la diferencia de edad que exista entre ambos, mientras que en otras culturas hemos visto todo lo contrario en el pasado. Ahora todo esto es más aceptable. ¿En serio? No tanto: aún nos falta mucho por aprender, tolerar y dejar ser.

Pero en cuanto a esa diferencia de edades, no cabe la menor duda de que entre parejas, si existiera esa gran diferencia, la experiencia de quien tiene mayor edad no se podría comparar con la de quien tiene menor edad (en la mayoría de los casos). Y aunque todavía existan prejuicios y cierta reprobación, en este tipo de romances también hay mucho de lo cual aprender y muchas experiencias que compartir. Mis vivencias con Experiencia me ayudaron a ver esos puntos de vista tan diferentes a los míos, los cuales no me hubiera sido posible ver si yo no la hubiera conocido.

¿Quién es Experiencia?

Después de haber contemplado ese matrimonio que sucedió en mi familia entre dos personas que tenían una gran diferencia de edad, recordé un romance que yo también tuve años antes, con una mujer que tenía mucha más edad que yo. Mi romance con esta mujer fue muy controvertido y discutido entre mis familiares y no pude quitármelo de la mente por la misma polémica que yo había creado. Y tal vez no se me iba de mi mente porque sentía la obligación de recordar mis propias experiencias para tratar de entender a ciertas personas que están pasando por este mismo tipo de relación.

Y ahora que puedo meditar acerca de esta relación desde un punto de vista muy diferente me he dado cuenta de que muchas personas le tienen miedo a Experiencia; piensan que ella va a tomar ventaja de ellos y sin lugar a dudas no están muy lejos de la realidad, porque Experiencia siempre marcará el tono y la norma o la pauta en toda relación. Experiencia puede ser tanto una bendición como una maldición para quienes deseen su compañía, y ese es el riesgo que se toma cuando las personas se aventuran a asociarse con alguien que puede resultar más preparado, más astuto y más calculador que uno mismo. Entonces, si el riesgo es tan alto, ¿por qué existen personas que son cautivadas por esta gran diferencia?

Cuando yo conocí a Experiencia, varios miembros de mi familia se quedaron sin palabras y con mucha sospecha (sin saber qué iba a pasar entre nosotros dos). Y es porque Experiencia era una mujer de edad madura, que se había convertido en un desafío para una mente tan inquieta como la mía.

Desde muy temprana edad, yo ya había estado marcando una diferencia en mi forma de pensar, de ver o de entender las cosas de la vida. Era una forma ya muy natural de siempre irme en contra de la corriente. Si las personas me decían que no hablara con tales personas, que no fuera a ciertos lugares o no pensara en determinada forma, yo hacía todo lo contrario por el simple hecho de averiguar cuáles eran los motivos de todas esas oposiciones.

Así fue como Experiencia simplemente había despertado esa curiosidad en mí. No puedo negar que Experiencia para ciertos hombres puede resultar toda una contrariedad a sus ideas varoniles o machistas, porque una seria relación con ella resultaría toda una competencia a su hombría o una anulación a su autoridad. Pero yo nunca pensé en esas limitaciones; yo simplemente deseaba entender por qué los demás hacían de esta relación algo prohibido para mí.

Y ahora que pienso en Experiencia, también siento que hablar de ella es provocar que las personas se lleguen a enamorar más de ella, y no será por lo que las personas pudieran aprender a su lado —eso dejaría de ser una de sus prioridades— sino simplemente porque Experiencia siempre sabrá cómo seducir la mente de las personas y hacerlas sus víctimas. Experiencia siempre tendrá muchas cosas que enseñar, eso es inevitable; estas cosas tanto pueden ser buenos ejemplos como malas costumbres.

Aunque la gente pensara lo contrario, Experiencia siempre ha tenido un corazón enorme; es una mujer apasionada y lo digo así en presente porque aún seguimos platicando ella y yo. Ella tiene una voz tan sensual que puede despertar los deseos más audaces de todo hombre. Su voz tan hermosa tiene la habilidad de invitar a cualquier persona al atrevimiento, sin hacer excepción de edades. Es una mujer que está llena de talentos para desnudar a todo aquel que se cree lleno de capacidad, aptitudes o que piense que es mejor que ella. Aunque Experiencia está llena de encantos, aventuras e inolvidables lecciones, ella lleva por dentro una angustia que no todos desean escuchar. Son secretos que ella me ha platicado durante las veces que hemos platicado los dos; es una angustia de ser constantemente comparada, la angustia de verse limitada por los prejuicios, las aprensiones y los temores de las personas. Ella es una mujer con un hermoso pelo, algo corto, pero muy bien cuidado. Es una mujer que se sabe dar a conocer porque cada vez que se pasea entre las personas nadie puede ignorar su inolvidable aroma, es un perfume tan deseable que solo se consigue con la madurez y la destreza, al punto de apasionar a todo ser humano y hasta al mismo ciego que se encuentra a sus pasos. Sus encantos naturales y su cuerpo escultural se vuelven hechizos que hacen a cualquier persona desvivirse por ella, y así estas mismas personas comienzan buscando ideas para llevar a Experiencia a la intimidad. Ella siempre ha sido el centro de las envidias, porque ella sabe cómo jugar con las caricias, dejándose primero rozar por las manos de conocidos y desconocidos, pero no dándose más que eso. Es solamente cuando ella permite ser tratada más a fondo que ella comienza a revelar sus secretos; aun en eso, si es que ella decide que así sea. Experiencia siempre va querer tener el control en sus manos.

Se vuelve una mujer muy inolvidable para cualquier persona que tenga la oportunidad de verla. A pesar de ser una "mujer puma", a quien le gusta jugar con las vidas de los más jóvenes, no deja de ser una mujer demasiado hermosa y llena de encantos, que ha pasado por muchas pruebas, tragedias y fracasos. Ahora solo busca cómo revitalizarse porque sabe que ya, hoy en día, sus cualidades (como experiencias) están siendo remplazadas por todo aquello que se ha vuelto más familiar y más rápido de conseguir; las personas ya casi no desean su compañía por miedo de arriesgar algo. Aun con esta misma comparación o competencia que ella pueda sentir, ella ama ser maestra en todas las cosas, una maestra en la intimidad, en los juegos, en las relaciones, en los negocios, enseñándole a todo aquel que se atreva a tenerla como compañía.

¿Y qué fue lo que más aprendí de Experiencia cuando estábamos juntos? A disfrutar la vida a través de lo que la vida me ha enseñado del pasado. A olvidarme de todo lo negativo del pasado y a no permitir que me comparen con otras personas, ya que todos somos únicos y diferentes. Esta divina y admirable mujer también está llena de emociones, emociones que ella misma no se restringe en demostrar. Es clara y transparente, es atrevida y audaz, es una mujer a quien le gusta ser complacida a todo momento; es una mujer con clase, a la que le gusta ser muy exigente. A ella le importa muy poco lo que la otra gente piense de ella; no es nada ingenua, la pueden llamar "robacunas" o "puma", pero no deja de ser muy segura de sí misma. Ella sabe lo que quiere y sabe cómo conseguirlo. Ella sabe que su existencia no es para siempre, por eso juega con los corazones de todos; ella sabe que en cualquier momento vendrá otra mujer con más experiencia (y mejores virtudes) y ella quedará en el olvido.

Una vez decidí llamarla de nuevo por teléfono y saber cómo seguía. Ese día platicamos por un largo tiempo. El tiempo en el teléfono se nos pasó volando, pero antes de colgar me dio otro de sus consejos:

—*Hiram, el compromiso más grande de la experiencia no es llenarnos de miedo o de quitarnos el miedo, sino más bien liberarnos de una mente confundida y hacer las cosas con más simplicidad y con más claridad, para que otros, que vendrán después de nosotros, puedan avanzar en terrenos desconocidos y abrir puertas que aún no se han abierto.*

Estas lecciones fueron las mejores para una persona que apenas comenzaba a entender lo desafiante que era esta vida. Siempre habrá personas a las que no les importa pisar a los demás, para sobresalir a costa de lo que sea. Pero Experiencia me dio seguridad en mí mismo sin tratar de tomar ventaja (como otras personas pensaban que sería). Experiencia me demostró cómo ser audaz, más atrevido y cómo aceptarme por quien soy y no por lo que pudiera tener. Experiencia siempre será juzgada y muchas veces envidiada, pero sin ella seguiremos siendo como títeres de aquellos que sean más astutos que nosotros.

Tal vez por esos motivos, el haberla perdido me hizo sentir que mi maestra ya no iba a seguir conmigo, pero es necesario pensar que a veces hay personas que llegan a la vida de uno por tan solo un tiempo definido y con propósitos específicos. Solamente espero que, si llegas a conocer a Experiencia, ella también te trate con generosidad, desinterés y bondad, y no tome ventaja de tu noble corazón, inexperto en cuestiones de la vida.

Rebeldía

Enlace: ¿Puede una persona enamorarse de sí misma? Tal vez sí, y sería la mejor medicina para tantas frustraciones o desilusiones, pero no hablo de volverse una persona vanidosa o ególatra, sino más bien de saber reconocer que Dios nos hizo muy especiales a todos y cada uno de nosotros, y valorar el resultado de su trabajo en nuestras vidas. A veces pienso que a muchas personas les hace mucha falta enamorarse de ellas mismas, sin tener que llegar a ser pedantes, presumidas, arrogantes o vanidosas. Cuando existe ese amor propio en las personas, se crea una energía positiva que nos ayuda a protegernos de las malas vibras o de que alguien tome ventaja de nuestro espíritu (o corazón). Y es porque para poder amar incondicionalmente a los demás primero se necesita tener un amor propio que no sea alimentado por factores externos, porque de lo contrario, si estos factores dejaran de funcionar, ese amor por uno mismo también dejaría de existir. Un amor propio siempre sabrá escucharnos, siempre hará tiempo para nosotros, siempre buscará los recursos para crecer y no permitir que lo destruyan. Un amor propio nace de la realidad de que todos hemos sido creados con cualidades únicas, con sentimientos únicos y con personalidades únicas y, al darnos cuenta de lo especiales que hemos sido creados, eso no nos deja otra alternativa más que reconocer nuestras imperfecciones y cualidades para poder estar agradecidos y satisfechos de que nadie sea más que nosotros o como nosotros.

¡Gracias a Dios que no hay otro miserable en esta vida como yo!

Entonces, si pienso en lo especial que Dios me ha hecho, ¿por qué siempre he sido tan rebelde? Para encontrar esa respuesta, yo tendría que hacer memoria de la manera en que conocí a Rebeldía.

¿Quién es Rebeldía?

Debo de comenzar a recordar que Rebeldía me enseñó a amarme a mí mismo para no sentirme tan mal al pensar en ella (pensé esto, riéndome sarcásticamente). Pero hablar de Rebeldía es identificarme con ella, así como fue —o es— con Libertad. ¿Y cómo fue que me di cuenta de que yo era una persona rebelde? ¿O cómo llegué a yo aceptarme tal y como era? ¿Acaso no tuve luchas dentro de mí para aceptar que esta cualidad no iba a cambiar así de fácilmente? Pienso que a veces luchamos contra nuestra propia naturaleza, sin darnos cuenta de que fuimos hechos así para llegar a ocupar ciertos trabajos especiales en nuestras vidas. El problema está en que no siempre vemos lo positivo de las cosas, sino solo lo negativo.

Pero ese descubrimiento se obtiene a través de las personas que llegan a nuestras vidas. Hay personas que llegan a nuestra vida como si fueran nuestras almas gemelas; muchas veces estas solamente llegan por una corta temporada, pero dejan una marca en uno que nunca se puede olvidar, por la gran influencia que tuvieron en nuestra vida.

Al recordar los nombres y las personalidades de estas personas puedo darme cuenta de que gracias a ellas yo me sentía cada vez más libre para ser yo mismo (o para ser más rebelde). En varias ocasiones yo mismo llegué a viajar largas distancias simplemente para poder seguir conectado a ellas. Esto fue en diferentes tiempos y en diferentes lugares con cada una de ellas.

Pero a medida que yo iba descubriendo mi propia personalidad a través de estas amistades, más me daba cuenta de que los monstruos que llevaba dentro de mí eran quienes tenían en sus manos "las llaves" de mi propia liberación y, para poder entender por qué estaban allí dentro, era necesario enfrentarlos. Saber aceptar mis monstruos y entender su comportamiento era la clave para arrebatarles el poder que tenían sobre mi vida.

Una vez me pregunté si yo podía contar con los dedos de mis manos todos esos monstruos con los que ya había peleado en todas mis luchas internas y, sin exageración alguna, creo que después de esa pregunta todos comenzaron a decir: "Yo", "Presente", "También yo" y "No te olvides del que está dormido". Tal vez escuché unas ocho voces diferentes; entre ellas estuvieron las voces del temor, la lástima (o de no tener estima propia), el orgullo, la comparación, la obsesión, la religión (o tradición) y otros más, pero la voz que nunca olvido fue la de Rebeldía, cuando me contestó: "No olvides contarte tú mismo".

No creo en casualidades o accidentes; esa contestación me había dejado pensando por mucho tiempo. Y Rebeldía bien que había ganado mi atención con esa respuesta. Y cada vez que yo salía a visitar a estas amistades (siendo ellas líderes en diferentes áreas, como la política, la religión, las uniones laborales y el ejército), esa misma voz se entusiasmaba cuando yo me encontraba rodeado de ellas y me recordaba su contestación con más respuestas provocadoras: "A ver qué vamos aprender esta vez que veas a tus amistades, porque ellas tampoco han dejado de ser unos rebeldes".

Pero para poder entender todo lo que yo estaba escuchando, aprendí a guardar más silencio. ¿Silencio? Así es; Soledad me ayudó a entender que, para poder aprender muchas cosas que estaban pasando, yo tenía que saber guardar silencio dentro de mí.

Soledad también me había enseñado que, para aprender a amarme a mí mismo, yo tenía que empezar a callar tantas voces dentro de mí y lograr que, si tenían el deseo de hablar, que lo hicieran una por una, ya que todas demandarían siempre mi atención. Entonces así conseguí moderar el demasiado ruido de mis propias emociones, pensamientos y sentimientos que deseaban hablar al mismo tiempo, para poder escuchar con más claridad lo que estaba pasando a mi alrededor.

¿Entonces cómo y cuándo llegué a conocer esa voz de Rebeldía dentro de mí? ¿Cómo fue que me identifiqué con la mujer tan insolente, sinvergüenza, descarada y atrevida que es ella?

No sé si ligar todas estas preguntas a los primeros encuentros que tuve desde mi niñez, durante mi adolescencia y aun en los demás encuentros que he continuado teniendo a esta avanzada edad.

Desde niño tuve amistades que expresaban un descontento legítimo hacia el abuso doméstico, las desigualdades sociales y el abuso de autoridad. Los sueños que tenía de noche también estaban medio enredados o eran difíciles de entender. Eso me llevó a investigar el porqué de las cosas que me costaban tanto entender. Aunque fui una persona muy distraída y no me era fácil pasar grado, nunca me daba por vencido. Y por si esto fuera algo pasajero en mi niñez, la vida también se encargó de traerme personajes aún más místicos durante toda mi vida, desde *hippies*, personajes carismáticos que trajeron cambios mundiales en la fe cristiana (me refiero a profetas, a revolucionarios y a mujeres líderes que habían sido muy radicales durante sus vidas). No sé cómo fui cambiando poco a poco, simplemente me sentía cada vez más libre de exponer mis ideas sin tener que esperar la autorización o la aprobación de las personas.

Tal vez logré encontrar mi verdadera identidad después de que la vida trajo hacia mí esas personas que pensaban igual que yo: un profeta loco que vivía en Pensilvania, un escritor apasionado que vivía en Carolina del Norte, unos *hippies* que vivieron en California y una mujer radical que se fue de misionera a México; además, para agregarle más peso a mi desorden, siempre me había sentido inclinado a esa música de greñudos que hablaban de cambiar un mundo para llenarlo de paz y amor o estaban en contra de un sistema político. Tal vez si pongo todo mi rompecabezas junto, veo que me enamoré de la forma en que todas estas personas y este ambiente eran libres en su propia forma de ser y de cómo todos ellos provocaron cambios, que lograron con sus propias vidas. Así fue como esta mujer, Rebeldía, llegó a mi propia vida: a través de la inspiración.

Pero Rebeldía no hubiera llegado a mi vida si mi temperamento hubiera sido otro diferente. ¿Habrá sido que también fui un joven muy inquieto por naturaleza y lleno de energía? Yo sabía que mi temperamento tenía mucho que ver: Rebeldía pudo haber dejado su tarjeta de presentación para que yo volviera a buscarla después, pero en mí estaría si yo llegaba a aceptar su compañía.

Pasó un buen tiempo en el que pensé que ella no era mi tipo de amistad. Fue entonces cuando Rebeldía se alejó de mí por una temporada. Pero yo mismo no entendía por qué me costaba tanto trabajo encajar con cierta gente y los estereotipos y la clasificación en las personas comenzaba a molestarme también, entonces decidí usar esa tarjeta de presentación que había guardado y llamar a Rebeldía para poder platicar con ella.

¿Platicar? Yo solamente la había llamado para quejarme de la gente.

Esa vez que me conecté nuevamente con esta mujer insolente, Rebeldía, mi entusiasmo y mi energía comenzaban a brotar una vez más. Era como si ella misma me hubiera regresado esa pasión que yo andaba buscando para tratar de romper con las normas, las divisiones y los prejuicios que se formaba la gente. Nunca me gustaba que las personas me encerraran en sus pequeñas cajitas mentales, como si "es que así es Hiram" fuera un modelo o patrón con el cual todos pensaban ya haber adivinado mi forma de pensar. Creo que cuando me enamoré de Rebeldía ella cambió mi vida completamente, y es que también pienso que el sentimiento fue mutuo, porque ella disfrutó mucho de mi forma de ser tan idealista y romántica; así fui ya desde que era niño.

No sé si venimos con una misión en esta vida, pero ahora recuerdo que esa voz de Rebeldía ya existía dentro de mí aun antes de darme cuenta de ello. Lo pienso así, ahora que me estoy acordando de una señora amiga de mi madre, a la que le gustaba venir a visitarnos y contemplar mis grandes ojos; yo había nacido con unas pestañas muy grandes, pero cada vez que venía esta señora a casa, ella quería cargarme en sus brazos para pasársela admirando mis ojos. Pues todo eso me enfadaba porque al estar ocupado con ella yo no podía estar jugando en la tierra con mis canicas y mis soldaditos. Lo único que se me había ocurrido para evitar que me pusieran al lado de ella fue comenzar a arrancarme las pestañas. Tal vez la misma Rebeldía me había sugerido que yo hiciera eso, pero no sé, yo era muy niño para ahora tratar de recordar todos los detalles.

El tiempo pasó y cada vez yo me volvía más insoportable dentro de mí mismo, más rebelde, más preguntón y con una mente más inquieta.

Es como si dijéramos que Rebeldía se enamoró de mí y yo de ella; era tan fuerte nuestra unión que yo comenzaba a cuestionar todo y a todos, tratando de entender por qué una sociedad estaba actuando de forma tan ignorante al dejarse guiar ciegamente por instituciones religiosas, políticas, medios de comunicación, tradiciones familiares, sin cuestionar las razones, ya que preferían seguir estando ciegos por las mismas costumbres del ser humano. En mi propia insolencia, yo solo buscaba la compañía de Rebeldía para que ella pudiera explicarme todo lo que aún no podía entender.

Pero los únicos consejos que yo podía escuchar de esa hermosa e inquieta mujer, mi amada Rebeldía, eran palabras de afirmación:

—Hiram, todo a su tiempo, no podrás entender todo en un solo momento. Te amo porque no tienes miedo al riesgo, al desafío o a lo desconocido. Tu forma de pensar no es común, tú nunca has aceptado que las personas estén acondicionadas a estúpidas excusas o sugerencias como: "es que así crecí" o "es que así me enseñaron mis padres a ser", pero ten paciencia, aún hay más cosas que descubrir —así me decía Rebeldía, con una voz suave a mi oído, casi en suspiro, para que yo cayera más profundo y me enamorara de su sensualidad.

Una vez que yo había logrado comprender lo que me había enamorado de Rebeldía, mi motivación fue aún mayor para tratar de mostrar cuándo esa injusticia se hacía presente para abusar y destrozar las vidas de los demás a través de las diferencias y las comparaciones que normalmente se hacen en todos los ámbitos, dentro de las familias, en el trabajo, entre culturas y dentro de las religiones, sin hacer excepción de personas, fuesen quienes fuesen los agresores y los afectados, sin importarme lo que pudieran decir de mí o si las personas que estuvieran dañando los corazones de los demás fueran mis propios seres queridos, mis amistades o incluso mis propias relaciones.

Rebeldía me enseñó a tener ese valor para hablar y dar toda mi energía y mi dedicación a causas e ideales que fomentaran la libertad en todos los seres humanos y a llamar por su nombre a todos esos problemas o monstruos que todos llevamos dentro, tal y como son, sin tener que ponerles adornos para que no rechazaran mi forma tan cruel de decir la verdad, ya que, para mí, injusticia siempre será injusticia. Pero no me daba cuenta de que todo esto me estaba haciendo una persona muy inconformista.

Rebeldía me ayudó a descubrir mi corazón y me dio la pasión de ir tras esas cosas que eran muy importantes para mí; así era como mis primeros manuscritos comenzaban a ser moldeados, sin que me importara lo que la gente llegara a pensar de mí; era como haber recibido un consejo de parte de ella:

—Cuando conozcas el propósito de tu vida, todo el mundo tratará de conspirar en contra de tus sueños. Solo los valientes no se dan por vencidos.

Es un consejo que me ayudó a mantener una mente más provocativa y a no tener miedo a la censura. Pero, aunque mi amada amiga Rebeldía fue el motor de mis acciones, Libertad llegó a ser el objetivo de mis sueños. ¿Será que Rebeldía había venido a mi vida después de que perdí a Libertad? Yo solo sé que no hay accidentes ni casualidades; tal vez Libertad solamente preparó mi corazón para que yo después llegara a conocer a Rebeldía.

Gracias a Rebeldía, desafiar los pensamientos, las moralidades y las creencias (o falta de creencias) de los hombres ya no era nada complicado para mí. Ella me entusiasmó para estudiar o investigar por largas horas y por largo tiempo, con el fin de entender las profundidades de las cosas. Y con ese mismo espíritu o hambre de conocer, yo buscaba toda clase de libros, aun si estos fueran prohibidos por la Iglesia o por la sociedad.

Y aunque la personalidad de mi amor, Rebeldía, no dejaba de ser algo extrema y compleja, descarada y algo ingeniosa, aventurera y bastante arriesgada a lo desconocido, ella llegó a formar ese tipo de temperamento que no me permite dejar de soñar. Esa fue una de las tantas lecciones que aprendí a su lado: que, si algo nos apasiona, debemos entregar nuestro corazón a eso, para después no sentirnos miserables por no haber seguido nuestros sueños, porque en esa misma pasión encontraremos la motivación y la visión para nuestras vidas.

Pero, aunque estos pensamientos parezcan sabios, no lo son tanto, porque todos los consejos también traen su contrariedad. Y es que también había llegado a la conclusión de que *cuando nos aferramos agresivamente a nuestras propias opiniones, por muy válidas que sean o por muy legítima que sea nuestra causa, simplemente estaremos añadiendo más agresividad y violencia a nuestro planeta, si nuestra rebelión está siendo motivada por el fanatismo y el terror. No podemos aumentar el terror que ya existe, se puede ser rebelde sin llegar a la agresión y se puede cambiar un mundo sin tener que destruirlo.*

Sencillez

Enlace: En muy frecuentes ocasiones, yo mismo llegué a considerarme una persona ya enloquecida. Como un arbolito de Navidad que tiene muchas extensiones para que se puedan ver sus luces de diferentes colores, pero cuando llega el tiempo de arreglar ese foquito que no sirve cuesta mucho desenredar tanto alambre; así trabajaba mi mente, o sigue trabajando (estoy siendo sarcástico una vez más).

La combinación que causaba mi propio temperamento con mi pasión por conocer el corazón de las personas siempre me ha llevado a encuentros y lugares muy especiales. En la gran mayoría de veces, me metía en muchos problemas, problemas que hacían pensar a la gente lo que no era. Pero, honestamente, nunca estuve interesado en la apariencia física, en los atractivos o atributos exteriores de las personas, en las posesiones, en los títulos o en las cosas temporales. No niego que todos esos atributos físicos en la mujer son como ofrecerle un dulce a cualquier niño, pero aun en este ejemplo de desear el dulce, tampoco he sido de antojos para los dulces. Mi interés y lo que siempre me atrajo es la forma en la que piensa la gente. Tratar de descubrir por qué la gente piensa de tal forma, por qué su conducta es tan diferente y qué clase de monstruos llevaban dentro al tener ese tipo de actitudes, todo eso despertaba en mí el deseo de no quedarme solamente en la superficie de las personas. Tal vez yo hubiera sido el próximo Dr. Frankenstein si me hubieran dado la oportunidad de abrir las mentes de muchas personas que he conocido durante toda mi vida. Una de ellas, que llamó mucha mi atención, fue sencillez. Aunque parezca lo más contradictorio y distinto a mi propia forma de ser, esa cualidad no la había visto antes; es más, llegué a pensar que ya no existía. El mundo estaba cada vez más lleno de exhibicionismos y excesivas formas de llamar la atención, por lo que encontrarme con Sencillez era para mí como ver una vida extraterrestre.

¿Quién es Sencillez?

Cuando yo conocí a Sencillez, me di cuenta de que nunca había visto a una mujer así de hermosa, hermosa por fuera y más preciosa por dentro. Ella no buscaba la atención de nadie ni tampoco se vestía de tal forma para llamar la atención. Su forma tal peculiar de ser me llenó de preguntas inmediatamente: ¿Qué se esconde detrás de esa sencillez? ¿Por qué es diferente a las demás? ¿Será real o estará pasando por una de esas etapas por las que pasan todas las mujeres, esa cosa del mes? Esas y muchas más eran las preguntas que yo me hacía.

Cuanto más tiempo pasaba yo con Sencillez, más me daba cuenta de que ella era una mujer con muchos talentos, pero a la vez, podía descubrir que también era una vida llena de incongruencias o ingenuidades, porque realmente ella nunca fue lo que la gente llegaba a pensar que ella era.

Al descubrir que Sencillez tenía muchas cualidades que la hacían ser una mujer única, extraordinaria y muy difícil de imitar, más me sorprendía que, aun con todo eso, ella no fuera vanidosa ni tampoco pretendiera tener al mundo bajo sus pies. Pero lo que más cautivó mi mente fue su forma única de ser; ella se descubría en el contrasentido de su propia personalidad. Si yo pensaba que ella era mujer callada, me sorprendía al ver que también daba a conocer sus sentimientos sin pena alguna; si ella era una persona que sabía de detalles, de modas y cómo adornar su casa, me sorprendía al ver que también era muy ahorrativa con su dinero. Sencillez era así, sencilla, pero sin dejar de ser una mujer muy detallista. Y ese fue un gran desafío para mi vida, porque todo lo que a simple vista no tenía sentido o no hacía sentido con mi mente, mi corazón lograba entenderlo.

Lo extraordinario de Sencillez es que era una mujer muy hermosa por dentro que necesitaba de muy pocas cosas para ser feliz y vivir con dignidad; ella nunca pretendía tener más que otros, mas en cambio había logrado tener bastante a su lado por ser buena administradora en las finanzas, con sus relaciones, en sus labores y con su familia. Aunque ella siempre había vivido despegada de las cosas materiales, emocionalmente no era lo mismo, ya que, por su forma de ser tan especial, tuvo la necesidad de apegarse mucho a las personas. Aunque no era difícil leer los gestos y las expresiones de Sencillez, ella también sabía muy bien cómo ocultar todos sus dolores y sus sufrimientos para no causar daño a los demás. En ella nunca se encuentra vulgaridad alguna; hasta en cierta forma ella siempre fue algo ingenua para hacer o desear el mal en otros. Aunque siempre se mantenía alerta para servir, también era con frecuencia muy distraída, lo que la hacía ser muy espontánea y tener ideas divertidas a cada momento.

Sencillez fue una mujer con un corazón sencillo, mas, en su contrariedad, ella mantuvo el talento de ver lo que otros no podían ver. Con gran talento ella podía adornar y decorar a cualquier persona, cualquier objeto o lugar, teniendo un ojo muy especial para apreciar todo, de tal forma que, en comparación con otras personas que no se lo hubieran podido imaginar, ella veía el oro escondido que existe en las cosas más comunes o dentro de cada persona. Sencillez tenía la inexperiencia de ser persuadida fácilmente, pero por su cualidad natural de ser muy detallista lograba descubrir las mentiras de los demás sin trabajo alguno. Todo esto para mí no tenía sentido; para entender a Sencillez era necesario que me guiara con el corazón y no con la mente, y ese contrasentido se había vuelto un nuevo desafío para mí.

Sencillez siempre fue una mujer con muy buenos gustos, ella sabía encontrar un mejor sabor en la comida criolla (palabra que aprendí en la isla del encanto, al hablar de esa comida con sabor a hecha en casa) o en esos mismos pequeños establecimientos que la mayoría de personas no suele visitar porque en ellos no existen las apariencias y la fineza de ciertas clases sociales que hay en aquellos restaurantes de cadena comercial. Otra de las enseñanzas que recibí al lado de Sencillez fueron esas grandes oportunidades que solamente se podían generar después de mantener un buen hábito de ahorro financiero, en vez de que las personas estén viviendo esclavizadas por deudas grandes u otras formas de malgastar las ganancias de sus ahorros.

Pero si bien Sencillez nunca aspiró a grandes puestos, tampoco tuvo problemas en volverse la protagonista o el centro de atención durante las reuniones. Cuanto más conocía yo a Sencillez, más comprendía que ella solo aspiraba a vivir y servir con humildad a la humanidad, cualidad que siempre llegó a ser halagada y celebrada públicamente. Era una mujer que sabía cómo entregarse con corazón completo a sus tareas.

El estar pensando en Sencillez todo este tiempo me hace recordar nuevamente los monstruos que todos llevamos dentro, y Sencillez no era la excepción. Era como decir aquel refrán tan conocido: todos tenemos cola que nos pisen. ¿Acaso no se podrían estar refiriendo, con esa misma cola de la que se habla en ese dicho tan popular, a la cola de un monstruo? Tal vez sí, pero no me niego a pensar que nunca he dejado de ser muy ocurrente para imaginarme cosas en todo lo que se dice.

Al imaginarme esa misma cola, a veces me imagino las diferentes colas que todos llevamos atrás de nosotros, unos algo enrollada, otros sin vergüenza alguna, golpeando todo a su paso a medida que caminan, otros con más vergüenza, tratando de disfrazarla para que no se vea tan fea. Así que Sencillez también tenía su propia cola. Y menciono esto porque siempre había admirado la forma tan única de ser de Sencillez, pero aun ella se podría haber considerado una persona miserable sin darse cuenta de que esa sencillez se podía convertir en una actitud muy conformista, aunque llegara a ser una mujer muy práctica y desprendida de este mundo tan material. Por su misma naturalidad y el deseo de no crear problemas más grandes, ella podía llegar a tener inhabilidad para conquistar sus propios monstruos. Cualquier nivel de conformidad y resignación podrían ser sus peores amistades si ella se fuera al extremo con su forma natural de ser.

Pero nunca olvido el desafío que siempre fue para mi vida; toda una contrariedad porque, aunque nunca le gustaban los cambios bruscos, siempre supo adaptarse con gran rapidez a ellos. Sencillez es una mujer muy amante de la naturaleza, los colores y las diferentes estaciones del año. Sencillez aparentó siempre ser débil por ser muy reservada; no obstante, siempre existió en ella una gran fortaleza interior que la ayudó a superar todas las adversidades que le puso la vida delante.

Tal vez yo llegué a enamorarme de Sencillez por muchas razones. ¿Habrá sido por aquello que la gente dice acerca de que los polos opuestos atraen? ¿Habrá sido porque en la sencillez de su corazón yo había encontrado el descanso que andaba buscando? Sin lugar a dudas, cualquiera hubiera sido la razón, comprendí que mi constante rebeldía y la intriga que sentía sobre tantos temas iban a sufrir un desafío al lado de ella; gracias a esta compañía pude darme cuenta de que las personas *nunca llegan a nosotros por casualidad o por accidente*. Y aunque la relación que tuve con Sencillez no duró un largo tiempo, creo que las lecciones aprendidas durante el tiempo que estuvimos juntos me ayudaron a comprender más a esas personas que no pensaban igual que yo y a saber apreciar esas desigualdades que para mí eran un conflicto.

¿Y qué pasó con Sencillez? ¿Seguirá a mi lado? ¿Acaso la distancia y el tiempo nos separaron y ahora ella vive en un extremo del país y yo en el otro? Por haber aprendido que esta relación fue toda una contradicción, no desearía otra cosa más que seguir pensando que a veces lo más divertido y fascinante en esta vida es saber vivir y disfrutar de las cosas absurdas que el mundo no entiende y donde la lógica no existe.

Después de todo ese tiempo que compartí con Sencillez, no olvido esas veces en que ella fue mi ejemplo. A su lado aprendí que *tenemos que aceptar nuestras batallas y saber compartirlas con aquellos que se han ganado el derecho de escucharlas, y esto se logra al conectarse con la persona correcta, en el lugar correcto, para hablar correctamente del problema.*

Hasta que sepamos recibir con un corazón abierto, nunca estaremos dispuestos a dar con un corazón abierto, y es porque cuando incluimos juicio o crítica al recibir, aunque no sea intencionalmente, de esa misma forma estaremos incluyendo crítica y juicio al dar nuestro corazón.

Dar nuestro corazón es algo inevitable; tarde o temprano pasará, una y dos y muchas veces, según nuestro temperamento y el riesgo que deseemos tomar, pero al darlo, debemos ser conscientes de toda la autoridad y el poder que estamos entregando a aquellas personas a quienes estamos dando lo mejor de nuestras vidas.

Lógica

Enlace: En estos momentos me encontraba manejando en la carretera; habíamos decidido tomar unos cuantos días de vacaciones y salir fuera de la ciudad. Apenas comenzaba a caer la noche y sabía que el camino iba a ser largo. Todas las horas de la noche me las iba a pasar manejando; esa era mi costumbre. Es que no hay como disfrutar el silencio de la noche mientras todos duermen, y yo manejando al mismo tiempo, meditando sobre cualquier tema que se me ocurriera.

A veces Soledad se hacía presente en estos viajes largos y me acompañaba en el volante. Cada vez que yo tenía la oportunidad de hacer estos viajes, me aseguraba de que no faltara lo indispensable para conducir durante toda una noche de desvelo: un buen café y una buena música.

De repente, salió una canción, "Like a Prayer" ("Como una oración"), por Madonna, la mujer materialista de los años 80, que me hizo recordar un argumento que yo me había hecho semanas antes: "Lo más divertido y fascinante en esta vida es saber vivir y disfrutar las cosas más absurdas que el mundo no entiende y donde la lógica no existe".

—¿Donde la lógica no existe? ¿Lógica? ¡Lógica! —pasaban sobre mí pensamientos que me hacían recordar lo hermoso que fue compartir con Lógica, pero a la misma vez los problemas que tuvimos al no entendernos.

Lógica fue otro desafío muy grande en mi vida, porque los desafíos en mi vida siempre han venido cuando no logro entender las conductas de los seres humanos (incluyendo mi propia conducta). Los corazones son a veces muy complicados y llegan a tomar una percepción muy diferente de como realmente se está manifestando, ya que la mayoría de las veces nuestras experiencias, conocimientos y prejuicios son lo que más alimentan o influyen esa percepción que nos formamos de los demás. Si una persona llega a tener un conocimiento muy limitado sobre algo, será muy difícil que esa persona cambie su forma de pensar o por lo menos renueve su conocimiento, solo porque los demás tengan la razón. Es querer desear que el Maestro se manifieste para que el alumno pueda aprender algo de gran beneficio para su vida, cuando el alumno ni dispuesto está a aprender algo nuevo. Por mucho que llevemos el caballo al estanque para que tome agua, el caballo no va tomar agua si no quiere.

Bueno, por lo menos me estaba dando cuenta de que esa noche no iba a ser aburrida, manejando todas esas horas. Pensar nuevamente en Lógica iba a ser como subirse a una montaña rusa otra vez, y no creo estar comparando esta relación tan especial con Lógica a este juego mecánico por las subidas y las bajadas que tiene el juego, sino más bien por las velocidades tan diferentes que existen en esa diversión; a veces la velocidad es para agarrarse de lo que uno encuentre, pero otras veces la lentitud es para agarrarse de los pelos con la otra persona al lado. Con ese mismo sentir, puedo pensar que haber conocido a Lógica fue uno de mis más grandes desafíos. Yo había pensado que, por tener yo la mente dispuesta para aprender algo y ella para enseñarme algo nuevo, íbamos a tener la misma voluntad de aprender juntos, pero esa disposición solamente estuvo de mi parte, porque desgraciadamente a veces las personas se llenan de conocimiento a tal grado que llegan a pensar que ya no hay nada nuevo que aprender.

¿Quién es Lógica?

Lógica (o conocimiento, su hermano) siempre ha sido una mujer muy popular. Ella es una mujer hermosa, demasiado inteligente, muy capaz de lograr sus metas y dueña de una gran prudencia, una mujer que supo cómo seducirme por tener esa mente tan brillante; su cualidad más atractiva es su intelecto y la capacidad de desafiar mi propia mente. Es una mujer intelectualmente atractiva, que siempre pensó haber aprovechado la vida por todos esos alcances que ella ya había logrado por sí sola, y ese mismo razonamiento que había adquirido a través de sus estudios y su forma tan diferente de ver las cosas la hacían sentirse una mujer muy liberada. Se trata de una mujer que no necesitaba halagos o piropos especiales porque conscientemente ella sabía lo diferente que era y estaba muy segura de sí misma. Pero, aunque ella no necesita comparaciones, inconscientemente se llena de soberbia al sentirse más ilustrada que los demás. Por la misma soberbia, ella inconscientemente no se daba cuenta de que esa acreditada cualidad de conocimiento la aprisionaba para no ser una mujer más libre. Al parecer, ella no podía aceptar nada que fuera ilógico o tuviera aires de ser ridículo, porque eso iría en contra de su propio nivel (o estatus) de mujer con conocimiento. Su singular atractivo y esa adorable figura a la que me refiero se escondían en la prudencia y solamente se podían revelar a través de los detalles de aquellas personas que supieran apreciarla. Pero desgraciadamente, así es solamente como ella sabía darse a los demás, un amor con medida y muy miserable, con mucha reserva. Solamente a la misma medida que las otras personas se daban a ella, ella se daría a los demás.

Desgraciadamente, por este mismo motivo de ser muy reservada, Lógica nunca llegó a conocer el amor verdadero, ya que sus padres nunca se lo supieron dar tampoco. Esto sería como pedirle a una niña que me explicara cómo es la luna: solamente me diría lo que ha escuchado hablar sobre ella, no por experiencia propia. ¿Y acaso no es así con la gran mayoría de personas que dicen conocer lo que es el amor? ¡Cierto, así es! Pero una cosa es tener el deseo de descubrir la diferencia y encontrar la verdad y otra muy distinta es pensar que uno ya tiene necesidad de conocer algo nuevo. ¿Pero cómo pedirle a Lógica algo que ella desconoce, si sus padres únicamente impartieron en ella la necesidad de sobresalir y de ser muy independiente?

Mientras continuaba manejando y meditando sobre todo esto, me sentía muy bendecido al pensar que no pudo haber existido lugar más oportuno y tiempo más exacto para estar pensando en Lógica, ya que al estar recordándola, las lágrimas en mis ojos no dejaban de caer y como todos ya venían dormidos no tenía que dar explicaciones de mi absurda tristeza. Pero todo me traía recuerdos de ella, el viaje, manejar, la música, mi transparencia, la hora, etcétera.

¿Por qué no pude evitar enamorarme de ella? Habrá sido por su desafiante inteligencia, intimidante a la vez, o quizá degradante para aquellas personas que no sabían distinguir entre eminencia e insignificancia. Ella tenía la gran facultad de memorizar cada momento, cada palabra, cada fecha, cada rostro, cada frase, pero su propia memoria a veces se convertía en su propia piedra de tropiezo. Aunque por su inteligente e ingeniosa prudencia ella lograba hacerse parámetros que le daban una impresión de seguridad y falsa protección para no ser dañada por los demás, eso mismos parámetros se volvieron también su propia prisión por no tener un círculo familiar más grande o una relación más genuina y duradera con las demás personas. Todas estas cosas para mí eran señales de que ella era una persona miserable que solo sabía disfrazar esa miseria con la riqueza de sus conocimientos. ¡Qué tristeza!

La riqueza de sus conocimientos la hacía sentirse libre de los demás, sin darse cuenta de que, en toda su vida, ella únicamente había aprendido a existir, y no a vivir, por estar aprisionada por sus propios escrúpulos y prejuicios.

Yo nunca lograba entender por qué las personas tienen la tendencia de ver sus propios monstruos en los demás y, tratando de evitar a esas personas, se la pasan diciendo: "lo bueno es que yo no soy así, no tengo esos prejuicios, etc." (bueno, por lo menos, esta vez me reí de la ocurrencia, después de haber estado llorando).

—¡Lógica! —exclamé con un suspiro y pensando en la última vez que había estado con ella.

Solo recuerdo todas esas veces en que mi relación con ella se volvía un desafío cada vez mayor al haber descubierto su forma tan terca y distintiva de pensar. Todo comenzó al conocer que su inteligencia y sus conocimientos eran extraordinarios. No pude resistir el deseo de conocerla más íntimamente, con un deseo de demostrar que la fe en las personas no tenía que ser ciega (sin lógica) y que el razonamiento de las personas también llegaba a través de la fe en ellas (en cierta forma, absurdamente, sin tener que hacer lógica todo el tiempo). Era como el deseo de mi parte de afirmar que ambos extremos eran capaces de convivir juntos. Pero Lógica nunca tuvo las mismas intenciones que yo tenía para con ella; ella siempre había sido más calculadora y más interesada.

Desgraciadamente, el encanto de esta relación comenzó a desaparecer al darme cuenta de que Lógica deseaba ser más ciega y terca que mi propia fe al no desear cambiar sus propios prejuicios. Ella nunca pudo entender que en el amor hay que perder la cabeza y sumergirse en la otra persona para poder entenderla (eso es lo que la fe llega a hacer en los corazones de las personas que no tienen temor a amar). Si Lógica hubiera aceptado la relación con más fe, ella hubiera sentido todo lo que la fe puede hacer en las personas: en su debilidad, yo la hubiera hecho sentirse fuerte; cuando no encontrara palabras para hablar, yo hubiera hablado por ella; cuando no lograra ver bien, yo hubiera visto por ella. Y es porque, por fe, el verdadero amor siempre causará que creamos más en nosotros mismos; por fe podemos levantarnos cuando estamos abatidos y es por fe que podemos amarnos más incondicionalmente, ser más transparentes y no sentir que tenemos que obtener más conocimientos o títulos para ser especiales.

No puedo negar que durante nuestra relación yo logré conocer y entender a Lógica de una manera que otras personas no han podido alcanzar a ver, pero eso fue porque la vi con los ojos de mi corazón y no con mi mente. Ella puede llegar a sentirse una mujer muy segura de sí misma, pero su misma inteligencia la hace una mujer con ciertos prejuicios, porque, irónicamente, esa misma gran aptitud de ver y estudiar las cosas más complejas la lleva a prejuicios y obsesiones por no querer aprender de aquellas personas que ella juzga absurdas o faltas de comprensión (o que carecen de entendimiento, según ella).

Sin lugar a dudas es una mujer que no es fácil de entender, aunque no deja de ser muy deseada por sus bellos atributos y extraordinarias cualidades. Pero solamente quienes aman el desafío logran penetrar en los misterios que ella guarda. Solamente a través de la entrega, la dedicación, la transparencia y una mente abierta es como Lógica se deja amar. Pero fuera de todas las grandes cualidades de esta mujer, ella no deja de ser como un toro: testaruda, fanática en sus propias ideas, sin deseo de cambiar, aun por el mismo amor a la superación que ella profesa haber logrado.

Es una mujer demasiado hermosa y encantadora que causa envidia porque muy pocas pueden llegar a ser como ella. Aunque puede llegar a ser vanidosa, es cautelosa para demostrarlo. Sabe cómo darse a todo mundo, la controversia existe porque solamente se dan para con aquellas personas que no le exigen nada a cambio, pero que ella sí puede exigir de quienes la buscan. Es por tal motivo que no conoce la libertad de amar verdaderamente, porque en ella únicamente existe un corazón que solamente ha conocido razonamientos, disciplinas, deberes, causas y efectos. Todo esto ha hecho que ella viva con el gran temor a la decepción y a la equivocación de no tomar buenas decisiones en su vida.

Aunque nunca negaré que Lógica me enseñó muchas cosas, mi amor a Libertad no permitió que yo me volviera otra persona como Lógica: mil veces preferiré perder mi cabeza antes que mi corazón. Una cabeza calculadora siempre construirá murallas altas de protección y se llenará de prejuicios para defender su ego, mas un corazón libre nunca podrá ser atado con los temores y el resentimiento del pasado.

Con el tiempo me di cuenta de que Lógica se había alejado de muchos seres queridos; tal vez ella vio eso como un acto de prudencia o dignidad, sin darse cuenta de que eso la haría aún más miserable de lo que ya era.

¡Ay, Lógica! ¡Cuánto hubiera deseado haber hecho vida contigo! Pero muchas veces confundiste tratar de ser el mejor de nosotros con el perfeccionismo. Tu idea de perfeccionismo es creer que has estado viviendo perfectamente, que piensas perfectamente, que te miras perfectamente, pero esto solo tiene que ver con una constante comparación con los demás. El perfeccionarnos simplemente es tratar de ser mejores que antes; no tiene nada que ver con perfeccionar, como has hecho siempre. Tu idea de perfección viene por todo el conocimiento acumulado, pero eso es destrucción para el alma, porque no existe tal cosa como ser perfectos. El perfeccionista siempre buscará destacarse con sus títulos y sus logros de la vida y aun con su propia apariencia. Una persona perfeccionista siempre tendrá una mala idea de la espiritualidad, porque las personas en la espiritualidad

muy poco tienen que hacer ellas mismas. La espiritualidad tiene más que ver con soltar y dejar ser que con obtener y alcanzar. La espiritualidad es reconocer y celebrar que todos estamos conectados por un poder aún más grande que nosotros mismos y que en nuestra conexión con ese poder divino sabremos cómo aceptarnos a nosotros mismos y a los demás con amor y compasión.

Esperanza

Enlace: Había regresado de mis vacaciones y el trabajo se ponía aun más demandante por la temporada en que muchas personas venían a visitar Washington, DC, y yo ya estaba listo para tomar más tiempo libre. A veces trabajar era muy cansador por el simple hecho de hacerlo cerca de la capital. Pero lo que me animó a ver las cosas en una forma más positiva y a hacer mi trabajo con esa energía de que pronto todo ese tráfico iba a terminar era contemplar *la esperanza* de que pronto sería otoño y ese cambio de colores en los árboles era como una inyección de vitaminas para ver todo desde un punto de vista muy diferente, hasta para apreciar ese mismo aroma de otoño en el aire, aun sin tenerlo presente todavía, ya que era tan distinto.

¿Pero qué es lo que hace la esperanza para llenarnos de una energía diferente y cambiar algo negativo a otra percepción más positiva? Ese es un gran misterio y ese mismo misterio se puede encontrar en ciertas personas capaces de mantener una energía o un valor que proporciona seguridad cuando más la necesitamos, ánimo cuando se nos ha agotado completamente, certidumbre cuando estamos llenos de ansiedades, consuelo y optimismo cuando parece que nada está a nuestro favor. En estas personas que tienen en sus almas esa clase de energía que nos llena de esperanza existen una estabilidad y una perspectiva que muy pocos pueden mantener.

Como siempre he dicho, nadie puede dar lo que no tiene; si la esperanza es genuina, no se puede fingir y, si no se posee ese tipo de energía positiva cuando más se necesita, la seguridad no se va a sentir tampoco. La energía no viene por las palabras bonitas que uno puede escuchar, sino por esa convicción de seguridad, fe y optimismo que se imparte a través de la presencia.

Y aunque todo esto se oiga muy convincente, las veces que yo he platicado con Esperanza no han sido tan frecuentes o tan a menudo como yo desearía haberlo hecho. Ella aún vive en Texas y yo a 1754 millas de distancia (26 horas de camino). Desgraciadamente, no somos ni vecinos para poder molestarla con más insistencia (pensando lo que ella me diría al oírme hablar así, creo que me podría un escáner para regular las veces que yo la haría perder su tiempo conmigo). No pienso así porque mis visitas fueran algo negativo; simplemente mis preguntas a veces no tienen para cuándo terminar.

¿Quién es Esperanza?

Como ya lo había vivido antes, comenzando otoño mi mente se iba relajar mucho más, después de un largo verano. La temporada de otoño ya estaba con nosotros y estaba en su máxima expresión; todos los árboles ya estaban vestidos con una gama inmensa de bellos colores: en un solo pequeño campo yo podía apreciar muchos árboles frondosos y llenos de seis colores diferentes: amarillo, rojo, anaranjado, violeta, verde y un café añejado, pero lo más divino de ese momento era el olor a miel a todo su alrededor. Siempre que llegaba esta época, ella me recordaba a una persona que ha ocupado un lugar muy especial en mi corazón, una mujer a quien he disfrutado tanto desde que la conocí. De la misma forma en que descubrí los colores hermosos de otoño y esa fragancia elegante y distinguida que solamente se aprecia en otoño, esta mujer había cautivado mi corazón. Así es, estoy pensando en Esperanza.

Esperanza no vino a mi vida por casualidad; el destino nos unió porque la vida ya me tenía preparadas muchas sorpresas que después me iban a traer muchos desafíos y que serían bastante difíciles de tragar. Desearía dar más detalles de cómo y dónde llegué a encontrar a Esperanza, ya que aún seguimos con esa hermosa y sólida amistad; pero muchas veces debemos darnos cuenta de que a Esperanza le gusta también la tranquilidad y no es fanática de los escándalos y los alborotos. Así que prefiero guardar el misterio y dejar que todos la busquen, ya que ella se dejará encontrar si verdaderamente desean conocerla.

Lo que sí puedo decir acerca de esta unión que se formó entre nosotros es que los dos nacimos en el mismo día y mes. ¿Acaso no es eso muy impresionante? Con el solo hecho de pensar que yo nací el mismo día en que nació una de mis estrellas más brillosas, eso me llena de Esperanza (me río de mis propias ocurrencias).

Esto, en seguidas ocasiones, me hace pensar que tal vez nos parecemos mucho, pero otras veces también llego a imaginarme que no nos parecemos en nada, y es que somos como la leche y el chocolate, una rica combinación, pero solo para el desayuno (no para toda la vida).

Esperanza es una mujer muy hermosa, con un bello cuerpo, muy bien definido, quien tiene todas las cualidades sin la necesidad de envanecerse. Ella es muy intelectual y práctica y tiene un gran sentido del humor; es la inspiración para muchas personas, tanto en el ámbito secular como en el ambiente social. Conocerla es no poder evitar despojarse de cualquier pretensión o cualquier prejuicio, porque ella no admite falsedades, las personas tienen que ser muy transparentes para que ella pueda tocar sus corazones, si es que desean encontrarla. Aunque no busca ser alabada públicamente, ella sabe dar vida aun en los momentos más difíciles y privados. Es como la sangre que corre por nuestras venas, algo necesario para vivir, aunque solo muy pocas personas pueden describirla. Para que Esperanza exista como compañía en la vida de las personas que la desean, ellas ya han de tener una buena idea de lo que están buscando. Esperanza no conoce de juegos de azar; ella es muy convincente al decir que siempre existe una nueva oportunidad y un nuevo día. Esperanza siempre ha sido muy difícil de descifrar con palabras simples; la mejor forma en que puede ser apreciada es pensar en ella como en un misterio divino y muy hermoso que únicamente el corazón diligente logra aprehender, al no darse por vencido. Para saber ganarse el corazón de Esperanza, las personas tienen que aprender la importancia de tener amor y fe en sus corazones. Esperanza tiene un aroma, un perfume único, que no puede ser imitado; así como el aroma del otoño, inimitable y difícil de olvidar. Con su bello pelo largo, ella sabe cómo envolver a la persona más desamparada y llenarla de ánimo, energía, tranquilidad y consuelo.

Esperanza está tan llena de encantos, que, con solo una mirada con sus preciosos ojos, todas aquellas personas cansadas de luchar quedan rendidas a sus pies. Otro de sus encantos está en su dulce voz, una bondadosa voz que nos ayuda a esperar con gran certidumbre y confianza lo que aún no se puede ver.

Esperanza tiene el poder de convertir todo aquello que parece absurdo en algo más razonable e inteligente. Esperanza es una mujer muy apasionada, que ha aprendido a vivir esta vida con propósito e intención. Esperanza es muy comprensiva y nunca toma la posición de volverse un ser humano sin sentimientos. Todo lo contrario, ella sabe cómo darle los mejores colores a la vida.

Esperanza está llena de virtudes, pero tales virtudes no se dieron de la noche a la mañana; su incansable adiestramiento es como haber pasado largas horas e inagotables días en un gimnasio y eso se refleja en su forma extraordinaria de tratar a los demás, con una gran paciencia, un gran amor incondicional y una gran fe que no parece de este mundo. Y es que ella también pasó por luchas muy grandes en la que la vida la quebrantó sin que tuviera la oportunidad de encontrar una mano que la ayudara. Ella siempre es auténtica en todos sus actos, una genuinidad que la hacen desafiante y muy radical.

Esperanza es como Libertad; ninguna de ellas puede sujetarse a las normas, prejuicios o injusticias de los hombres. Pero Esperanza no deja de ser vulnerable, al punto de ser rechazada por aquellos que no creen en ella, aunque eso no le impide ser convincente y decisiva en su amor para con los demás. Esperanza siempre tiene su mirada fija en el futuro, donde el pasado y el presente no son tan importantes como poder deleitarse en vivir el presente y tener la serenidad de que lo mejor aún está por venir. Esperanza es la mujer más hermosa, porque por su misma gracia y elegancia esa energía que ella transmite constantemente nos hace desear lo mejor para los demás y para nosotros mismos.

Cualquiera diría que estoy completamente enamorado de Esperanza; sí, lo estoy, pero todos podemos estarlo. Esperanza tiene un corazón enorme para todos, en ella no hay distinción de razas, culturas, colores, sexo o ideologías. Así como pude soportar el infierno del verano con el solo hecho de poner mi vista en que pronto sería otoño (o que pronto podría platicar con Esperanza), así, al tener a Esperanza a mi lado, siempre sentía que ya estaba preparado para la siguiente temporada, un invierno insoportable, frío, sin sentimientos y sin deseos de involucrarme en cosas. Y es porque Esperanza siempre sabrá cómo sacar lo mejor de nosotros, aun cuando nos imaginamos que ya no tenemos opción alguna.

Creo que esta vez yo debería llamarla por teléfono, saludarla y decirle: *Gracias a ti, Esperanza, mi forma de enfrentar mis problemas a cambiado; gracias a ti, por cómo has cambiado mi forma de pensar, puedo decir que el consuelo que nos une es darnos cuenta de que todos, como seres humanos, somos una paradójica mezcla de rico potencial compuesta tanto de neurosis como de sabiduría, que siempre tendremos una mezcla de cosas tanto buenas como malas y que siempre seremos seres sensibles que sufrimos, pero que también tenemos esos deseos de gozar de una felicidad a la cual todos tenemos derecho; por lo tanto, todos merecemos esa misma Esperanza con la que tú me has bendecido.*

Desenlace del capítulo II: Los romances

¿Será que estuve muy enamorado para hacer memoria de todos mis romances? ¿Serán estos los únicos romances que tuve? ¿Será que aún sigo siendo muy romántico y muy enamorado?

No dudo de que las palabras "enamorado" y "romances" pueden llevar a ciertas personas a ideas muy equivocadas, y lo menciono así porque nos hemos acostumbrado tanto a pensar en los mismos términos que se nos ha enseñado a través de los diferentes medios, la literatura y las novelas, la televisión y las telenovelas, y por los mismos medios sociales y cada estado individual de la persona cuando indican que se encuentran en una relación amorosa. Pero mi forma tan diferente de ver las cosas nunca me ha limitado a pensar distinto, sin tenerle miedo a la crítica. Un romance puede no ir más allá de una relación platónica con otra persona, y el ejemplo está en el título de una película muy popular que casi todos conocemos: *Romancing the Stone*, que al haber sido traducida al español fue: *Tras el corazón verde*, pero la traducción del título no cambia la idea que se quiere dar en esa película. El romance habla de esa inclinación fuerte que tiene un corazón. Ya sea a una piedra preciosa, a una persona, a un conocimiento o a Dios mismo.

El romance de alguien solamente nos indica dónde está ese corazón en ese momento. Tal vez por eso las Escrituras cristianas nos hablan de no adorar a nadie más, solamente a Dios. Pero aunque ahorita no desearía tocar esa controversia aquí, ya que todos hemos llegado a admirar y exaltar a ciertas personas con un grado un poco más que normal, todos sabemos lo que es estar completamente enamorados. Viéndolo así, y junto con la idea del título de la película, todos hemos tenido diferentes tipos de romances (con nuestra carrera o trabajo, nuestro reconocimiento, en nuestras relaciones, con nuestra espiritualidad, etc.). Un romance también puede ser entregarse a esa idea de ser libre, de experimentar una fe más grande, de sentir un cambio en nuestro corazón, o el mismo deseo de descubrir algo o ese pensamiento que se vuelve una ideología.

Y esto pasa porque solamente cuando nos entregamos a algo o nos apasionamos con algo logramos entender ese algo más profundamente —pensamiento que explico con más profundidad en mi libro *Passion*, publicado en 2010—.

Ahora que he tomado el tiempo para revelar todos mis romances, también pienso y me pregunto si todas las demás personas pueden ser sinceras con ellas mismas y preguntarse: ¿Y yo? ¿Cuántos romances he tenido? ¿Cuántas veces he entregado mi corazón a esa idea o a ese pensamiento? Y todas las personas en general, si tan solo meditaran sobre sus propias experiencias, ¿qué podrían decir de cada uno de sus romances? ¿Habrán aprendido algo?

Existe una tristeza muy grande en mi corazón al pensar que muchas veces las personas no logran entender que Dios puede ser descubierto en todas partes, aun en los lugares más absurdos, y eso pasa porque no se han atrevido a entregarse con un corazón completo a esa idea, a esa persona o a esa causa. Y lo peor es que muchas veces no pueden descubrirse a ellas mismas porque no han tenido el valor de darle a ese corazón la oportunidad de ir detrás de algo. ¡Claro que va a doler! ¡Claro que se trata de invertir! ¡Claro que son riesgos! ¡Claro que es entrar a lo desconocido! Pero no por eso vamos a dejar de invertir en esa oportunidad que le estamos negando al corazón. Sin inversión no habrá adquisición. Nadie avanza simplemente por inercia o desinterés y, para avanzar, la vida siempre exigirá que nuestro corazón vaya detrás de algo; no es cosa mental, ni tampoco emocional, sino de corazón.

Los romances de nuestras vidas nos dirán de qué estamos hechos; vivir una vida sin romance es vivirla miserablemente.

Capítulo III

LAS ENEMISTADES

Tradición

Enlace: De todas esas veces que he recordado mis romances, creo que doce personas siempre han venido a mi mente. Pero no es porque yo haya sido una persona de muchos romances, como los marineros que dejaban un corazón roto en cada puerto; es simplemente porque, así como he tenido mis romances, también me he hecho de mis enemistades.

Creo que la mayoría de las veces que me he creado enemistades fue por alguna experiencia negativa que esa persona trajo a mi vida y nunca pude reconciliar mis diferencias con ella. Pero las enemistades no surgen espontáneamente; ninguna persona se levanta todas las mañanas y se dice ella sola: "Ahora deseo aborrecer a tal persona". La discordia que nace entre todos nosotros puede ser el resultado y no el impulso de lo que hemos experimentado con esta persona que ya no deseamos ver; aunque no dudo de que en otras ocasiones también sea la decisión que tomamos después de haber escuchado cosas negativas de esa persona, cosa que sería muy errónea de nuestra parte al no haberle dado la oportunidad de demostrar lo contrario.

—A veces pienso que somos muy estúpidos e injustos con los demás, antes de conocerlos, porque así es como nos formamos nuestros propios prejuicios —repentinamente se me ocurrió pensar eso, al ver lo difíciles que nos volvemos a veces.

Pienso que asumir que hay gente que no tiene enemistades sería de lo más absurdo porque nadie es monedita de oro para caerles bien a todos, pero una cosa es entender por qué aborrecemos a tal persona y otra cosa muy diferente es aborrecerla simplemente porque otras personas ya la aborrecen. Y aunque la palabra "aborrecer" sea una expresión algo fuerte, también podemos pensar en términos más comunes, como tener desinterés, indiferencia o cierta apatía hacia alguien.

—¿Apatía? Sí, tal vez eso es lo que siento por Tradición, mujer muy cerrada que no conoce de nuevas aventuras. ¡Pobre vieja amargada y aburrida! Bueno, creo que me pasé un poco al hablar de ella, pensando en cómo la tuve de compañía por muchos años.

¿Quién es Tradición?

¿Por qué será que ahorita, mientras descanso en mi patio, disfrutando del fresco de la mañana, deseo comenzar a recordar la peor de mis enemistades? ¡Qué fácil puedo arruinar mi día cuando cualquier pensamiento llega a mi mente y no puedo deshacerme de él! ¿Será que fue parte de mi vida y yo la conocí más que cualquier otra persona? ¿Será que nuestra relación fue tan íntima que durante esas mismas noches de intimidad yo aprendí todos sus secretos? ¿Será que aún vive cerca de mí y a veces ya ni la soporto?

Algo muy curioso que siempre me pasa es que recuerdo a esta mujer, Tradición, cuando identifico a dos personas hablando de ella durante sus pláticas, sin que ellas se den cuenta de su influencia. Dentro de mí, me digo: "¡Estos son otros que han caído en tus redes, pobres diablos, y bien que los has enamorado!".

Pero después de haber hecho el amor con ella no puedo negar que Tradición es hermosa y muy segura de sí misma; cómo no ha de serlo, si ella no sale de lo mismo y lo desconocido la aterra. Es por eso que sus pronunciados escotes, lindos encajes y grandes tacones aún pueden despertar las ambiciones de todo hombre; ella sabe cómo llamar la atención.

Pero aun con lo sabrosa que ella puede ser en la intimidad, no deja de ser un calvario en diferentes ocasiones. Es una mujer a la que le cuesta cambiar o que no desea ver cambios, ni tampoco hacerlos, pero si los cambios fueran necesarios, estos tendrían que pasar por una lista extensa donde ella misma cuestionaría todas las posibilidades, con interrogantes o preguntas que tratarían de desanimar un cambio indispensable.

Tradición está muy ligada a Temor; yo pensaría que son primos. Cualquier hombre pensaría que enamorarse de Tradición es una relación sincera de dos personas, pero nadie llega a darse cuenta de que Tradición ya tiene otra pareja, hablo de Temor, y que uno solamente está ocupando el papel de amante, de cualquier otro estúpido hombre que ha caído en sus encantos. Aunque un trío en la intimidad es muy posible cuando una persona es amante de Tradición, ese no fue mi caso.

Tradición no solamente puede encontrarse rondando en las iglesias o entre familias muy conservadoras; ella estará presente en cualquier lugar donde la gente tenga miedo a los cambios, deteste la inseguridad y no sepa cómo manejar la inestabilidad de este mundo.

Bastantes veces ya me he reído —no, más bien creo que me he carcajeado— al oír a ciertas personas decir que no desean ir a la iglesia porque es todo un legalismo o un lugar lleno de doctrinas donde no hay libertad y, para hacer más grande la sátira, estas mismas personas también viven en su propio legalismo de costumbres que no desean cambiar. Tradición disfrazada de hábitos o costumbres no deja de ser la misma tradición que se viste de legalismo.

—Es que yo he sido siempre así —pensé en voz alta—. ¡Qué excusa estúpida que solo trata de justificar los propios hábitos y que no es más que otra forma de una tradición imbécil! —este pensamiento me recordaba al de ciertos ateos.

—Y con todo esto, ¿qué día es hoy? —me pregunté.

—¡Día de los Muertos, Hiram! —me contestó Soledad, casi gritándome por la distancia que había entre nosotros dos, y es que ella se encontraba con la vecina esta vez, ya que, por ser un día muy tradicional, ella le estaba haciendo compañía a la vecina, quien había perdido a su esposo hacía apenas dos años, a causa de un cáncer, por tanto fumar.

—Ya veo, esto no va nada bien. Ahora entiendo por qué comencé a pensar en Tradición. Cada vez que pienso en algo pequeño, es porque algo profundo viene más adelante —platicaba yo solo.

—¡Día de los Muertos! ¿Y qué otras tradiciones tenemos en las que somos tan devotos para ese día únicamente y después somos buenísimos para olvidar el resto del año? ¡Sé que hay muchas, pero no me voy a ir tan lejos, todo un año se me hace algo largo! —yo seguía con mis ocurrencias—. ¿Qué tal los domingos? —me pregunté.

Aunque pareciera una burla, porque Soledad estaba consolando a otra persona en ese momento, casi juraría que escuché a Soledad reírse de mis ocurrencias.

—¡Sí, así es, domingos también, Soledad! Solo un día durante la semana nos acordamos de que existe un Dios que nos ve y al que deseamos presentar nuestro mejor carácter o mejor actitud para con los demás. Y el resto de la semana, ¿qué pasa? Seguimos siendo unos antipáticos, malhumorados y desagradables personajes, como si fueran unos pequeños demonios que andan sueltos —estaba contestándole a Soledad, aunque no estuviera seguro de que fuera ella quien se había reído de mis bromas.

—Yo llamaría a esto: "la tradición del domingo"; ¡qué hipócritas somos, en verdad! —seguí riéndome de mis ocurrencias—.

—Y si para los cristianos puedo ofrecerles un pedacito de mi medicina, qué no diré a los ateos. Estos también tienen tradiciones muy difíciles de aceptar. Toda su vida se la pasan proclamando, como si fuera otra tradición también fuerte, que no existe un Dios y que todo es inventado por el hombre. Mas en cambio ninguno de ellos me puede negar que durante su vida haya tenido la necesidad de ver un milagro, ¿o acaso su propio razonamiento los ayuda a resignarse cuando se les está muriendo un ser querido o cuando accidentes inesperados los hacen perder un trabajo, una parte de su cuerpo, una casa o hasta el mismo prestigio que lograron con sus esfuerzos?

Tal vez por eso yo puedo decir o pensar con toda libertad que yo mismo llegué a conocer a Tradición hasta en la intimidad de la cama. Yo sé de sus estrategias, de sus mentiras y de sus seducciones.

Tradición, por muy hermosa que siempre haya sido porque ha sabido cómo cuidarse, ella solo está llena de costumbres y tiene normas de conducta para todo, desde cómo comportarse públicamente, en familia y hasta íntimamente. Ella siempre está preocupada en lo que dirán los demás de ella, vive en un eterno desvelo de dejar siempre una buena imagen en cualquier lugar donde se encuentre. A veces llega hasta el extremo de culparse o irritarse cuando es confundida o mezclada con personas que no están a su mismo nivel. Ella vive de los recuerdos, las costumbres, las disciplinas y las creencias ya establecidas.

Para ella, lo más importante es no pasar al olvido todas esas experiencias vividas, esas enseñanzas impartidas o esos consejos que formaron parte de toda una cultura. Por muy equivocados que estén sus consejos, esas experiencias, esa cultura o esas falsas percepciones, ella siempre demandará una eterna lealtad a tales hábitos, prácticas o estilos, porque su corazón es inquebrantable.

Yo nunca había visto lealtad tan alta como la de aquellas personas que la buscaron. Díganmelo a mí; yo fui uno de sus más leales seguidores o —por qué no decirlo más explícitamente— admiradores.

Tradición se viste completamente de una fe ciega que no desea ser desafiada, por temor a dejar de existir. Recuerdo las veces que yo quise desafiar esa misma fe ciega que aún existe en varias personas, ¡imposible! Estas personas están más ciegas de lo que se imaginan, solamente han aprendido a vivir en las profundidades de su océano y no desean subir más arriba de esa oscuridad.

El valor del tiempo es muy importante para Tradición, por eso los cambios no son aceptados tan fácilmente. Todo cambio primero tiene que pasar por la prueba del tiempo antes de lograr ser reconocido y considerado por ella. Para tener una buena relación con esta mujer, uno debe demostrar que posee cualidades de lealtad, sumisión, credibilidad, devoción, apego y, sobre todo, una disciplina que no comprometa los valores o esos principios que ella ya ha establecido.

Tal vez Tradición podría ser más hermosa aun de lo que es, pero ella no puede vestirse diferente de la manera en que fue instruida. Los cambios de la moda la enfurecen, las variaciones de conducta la impacientan; toda forma de rebeldía la indigna y los gritos de cualquier novedad le causan ansiedad. Aunque toda celebración, fiesta y ceremonia ha sido instituida gracias a los empeños y al esfuerzo que ella misma ha hecho, a Tradición no le importa si la gente conoce los motivos de tales eventos; lo que a ella más le interesa es esa fidelidad ciega y esa entrega que no cuestiona nada (y, sarcásticamente lo he mencionado, pensado que hoy mismo es el Día de los Muertos y muchas personas en este día solo están formando parte del acto como una lealtad a sus difuntos).

¡Ay, Tradición! ¿Por qué llegué a amarte tanto? —me pregunté acaloradamente—. ¿Será que, al haber desafiado mi vida, me obsesioné en conquistarte? ¡No sé! Pero lo que sí sé es que, gracias a tus mentiras, yo me volví más rebelde.

—Si todos te conocieran tal y como eres, comprenderían que eres de carácter fuerte, orgullosa y celosa, una mujer a la que no le gusta compartir detalles con aquellas personas que piensan diferente. Aunque lleguen a malinterpretar tu forma de ser, tú siempre glorificarás a toda aquella persona que se vuelve necia y que no le guste cambiar su forma de ser (o de pensar). Ya sea que la persona haya sido atea o religiosa desde su niñez, con tal de que no desee cambiar, para ti esa persona ya es un ejemplo de los valores que hacen de ti una mujer más admirada e inmortal, y es porque lo que tú más deseas de todos es que te respeten y te celebren.

Después de haberme dado cuenta de todas tus cualidades negativas, pude entender que tú solamente sabes promover la inflexibilidad y la rigidez en las personas y que puedes volverte cómplice para mantener el orgullo en las personas, como también ser sutilmente vengativa, porque cuando no te valoran, buscas la manera de hacer sentir peor a las personas. Nunca dejarás de examinar a todas las personas que se acercan a ti para ver si en ellas encontrarás esa entrega absoluta. A ti no te importan las excusas como: "¡Es que así me formaron mis padres!", "¡Es que así soy yo!", todo eso es secundario; tú solamente deseas la lealtad, aunque las consecuencias de esa lealtad lleven a las personas a la ignorancia o a ser privadas de su libertad.

Me pregunto, ¿cómo aun siendo tan mezquina y miserable sigues siendo tan popular y tan querida? Y creo conocer la respuesta, porque yo mismo fui uno de tus amantes favoritos: es que tú sabes cómo recompensar a toda persona que desee guardar sus costumbres y te sea leal en sus creencias o en su falta de creencias. Esas recompensas vendrán con distinciones, títulos, levantamientos del ego, reconocimientos y apodos de grandeza. El reconocimiento público es el galardón más grande que tú tienes para todas esas personas que caen en tus encantos.

Tradición, como te mencioné antes, te conozco muy bien. Sé de tus debilidades, conozco las piedras con las que tropiezas, conozco a tus enemigos y he aprendido de tus propias manos. Todos los cambios que se te presentan son esas piedras de tropiezo, y no son más que una oportunidad para que las personas sean más humildes; pero tus mentiras ayudan a impedir los cambios, ofreciendo a las personas una falsa idea de que, si no admiten esos cambios, ellas lograrán mejores reconocimientos.

Es por eso que Tradición se ha mantenido muy arriba en todas esas listas de popularidad. Con Tradición se limitan los problemas de que nos hagan sentir más humildes o menos que los demás; ella se encargará de ponernos un título para seguir avanzando con otros títulos más adelante, hasta llegar a ser reconocidos. Tradición se enorgullece y se complace en destacar la soberbia, la vanidad y el orgullo de todas esas personas que se mantienen firmes en no buscar cambios en sus vidas, en la cultura o en su forma de pensar, cambios en su forma de amar, en su forma de relacionarse con los demás o en ellos mismos.

Confieso que, a pesar de haber tenido un romance con Tradición, mi enemistad con ella es por haber aprendido que ella no permite ningún crecimiento en las personas. Claro que las personas a su lado se pueden volver perfeccionistas en la materia (cualquiera que esta sea), pero la vida no se trata de ser perfeccionistas, sino más bien nos exige crecer, y todo crecimiento siempre involucrará cambios, y todo cambio traerá cierto dolor y desánimo. Pero siento que las personas más miserables son aquellas que piensan que no tienen nada que cambiar o soltar, simplemente por el hecho de que desean continuar amando y demostrando su lealtad a esta mujer.

Duda

Enlace: Yo nunca había pensado que iba a quedarme tanto tiempo aquí cerca de Washington, DC. Es un lugar muy caro, el ambiente político se hace sentir en todos lados y la vida allí es muy acelerada. Pero no puedo negar que Virginia es uno de los lugares más hermosos y románticos para vivir.

Tampoco hubiera pensado que, al llegar a este nuevo lugar, yo iba a experimentar una conmoción fuerte por el cambio de cultura.

Aunque comprendía que cualquier cambio de lugar siempre podía causar cierta incomodidad, este cambio de trabajo había sido muy distinto al anterior.

Yo estaba experimentando un cambio inmenso en mi nuevo trabajo, con la diferencia de culturas; podía sentir una rivalidad entre todas ellas y un racismo o despotismo muy marcado. Esta rivalidad entre las personas era como una lucha de sobrevivencia.

Se sentía tanta desconfianza entre todas ellas, una raza en contra de otra, un color tratando de ser mejor que el otro, un lenguaje queriendo dominar más que los demás; todo esto me hacía extrañar mis tiempos pasados, donde no había tenido la necesidad de comprobar nada a nadie y podía ser simplemente como era, sin tener la urgencia de cerciorarme de quién estaba a favor o en contra de mí.

Cada día era como comenzar mi trabajo con mucha duda, al punto de que llegué a odiar toda esa duda que este ambiente me estaba causando, y yo solamente me preguntaba:

—¿Hiram, en verdad deseas seguir así? ¿Por qué no te regresas de donde viniste? ¡Forma estúpida de solucionar el problema! —yo mismo me estaba formando mis argumentos.

—Yo nunca he sido de las personas que salen corriendo, o me quedo para hacer un cambio, o me quedo para entender mi propio problema, pero salir corriendo sería una humillación para un US Marine —me contestaba sarcásticamente, pero llenándome de valor.

Comenzaba a existir una gran tensión entre Duda y yo, sin que pudiera entender por qué me sentía así, y es que apenas me estaba adaptando a un nuevo ambiente.

Solamente me contestaba:

—¿Y qué enojo o enemistad hay con la Duda? ¿Acaso no tenemos el derecho de dudar?

¡Claro que sí!, y a veces es necesario que cierta desconfianza entre en nuestras mentes para tomar mejores decisiones. Pero casarse con esta mujer es la peor decisión que una persona podría tomar. Es por eso que debemos entender la diferencia entre cuando la tenemos como amiga y cuando nos hemos enredado ya con ella. Hay un dicho muy popular que dice: "Dime con quién andas y te diré quién eres".

El entretener o sostener a una persona en nuestro corazón por largo tiempo nos hará pensar igual que ella o nos identificaremos con ella por rasgos similares que pudiéramos tener nosotros. No es nada malo tener muchas amistades —en mi libro anterior, *Relaciones*, aconsejaba que hiciéramos nuestros círculos de relaciones más grandes—, pero también deberíamos tener mucho cuidado con quien nos pueda robar esa energía positiva que existe en nosotros. Por muy ingenua que aparentara ser Duda, yo sabía que ella me podía dejar seco de esa misma energía positiva con la que yo había llegado a ese nuevo lugar.

¿Quién es Duda?

Duda es una mujer insegura a quien conocí aquí, en Washington DC. Cuando llegué a este lugar, mis nuevos compañeros de trabajo, al verme, comenzaron a estudiarme y a preguntarse entre ellos: "¿Y este por qué habrá llegado aquí? ¿Qué lo trajo? ¿Tiene familia aquí? ¿Habrá llegado aquí buscando promoción? ¿Quién es? ¿De dónde vino?". Aunque todas esas preguntas eran meramente curiosidad y muchas las hacían solo para conocer más de mí, no olvido que, en medio de todos esos interrogantes, Duda sobresalía sin disimulo alguno. Y es que los nuevos compañeros de trabajo apenas estaban terminando de pasar por una racha llena de aprensiones y malas experiencias.

A medida que pasaba el tiempo y yo formaba una amistad más sincera con Duda, lograba entrar a su corazón; ella fue una amiga y una compañera de trabajo muy eficiente. Pero, desgraciadamente, esas malas experiencias con autoridades y supervisores en el campo laboral la habían afectado en gran manera.

Duda aún no había aprendido cómo valerse por sí sola y constantemente buscaba la seguridad en otras personas, en actividades, en escapes espontáneos que de todas formas terminaban dejándola vacía todo el tiempo. A través de nuestra amistad, me di cuenta de que también buscaba la manera de sentirse segura a través de relaciones más íntimas, aun con hombres ya casados. Nunca la juzgué o la comparé con otras personas. Sé que, si lo hubiera hecho, yo hubiera creado más inseguridad en ella.

La misma inseguridad que siempre había tenido la hacía una persona muy indecisa en todas sus relaciones. Cualquier persona que no la conociera bien diría que era una mujer muy inestable, porque ella batallaba por mantener un estado de ánimo saludable en sus relaciones.

Duda siempre se vestía según su ánimo; todos se daban cuenta de si ella andaba de buen humor o de mal humor según los atuendos que usaba o la forma en que se dirigiría a los demás ese día. Otro aspecto personal que la gente confundía de Duda es que cualquier persona pensaría que ella era una mujer fácil de convencer y llevarse a la cama, una mujer divertida a la que le gustaba vacilar con los hombres, pero la verdad es que todos esos rasgos eran tan pronunciados porque ella tenía una gran necesidad de seguridad y la falta de confianza en ella misma no la ayudaba a ser estable con sus sentimientos.

Tal vez si se hubiera aferrado a sus costumbres, por muy equivocadas que fueran, ella no hubiera tenido que sentir tanta hesitación al tomar decisiones. Fue tan grande la indignación que ella llegó a sentir por ella misma, que sus preguntas ya no eran tomadas en serio.

Yo podía darme cuenta de todo esto, porque siempre fui una persona muy observadora, pero no podía hacer nada por ella. El acercarme a ella en una forma más confidente yo corría el riesgo de que los demás malentendieran mis intenciones. Aunque ella siempre había sido consciente de su forma de ser, no podía dejar de cuestionar a todas las personas que se acercaban a ella. Varias personas tomaban tales preguntas como si ella tuviera una intención honesta de llegar a algo más íntimo, pero otras personas se sentían ofendidas por tal interrogatorio.

¡Ay, mi pobre amiga Duda! ¡A veces has sido reprochada por quienes no saben entenderte y otras veces has sido abusada por quienes saben cómo sacar provecho de tu inseguridad!

En las muy seguidas ocasiones que platicaba yo con ella, me daba cuenta de que ella era consciente de su forma de ser, pero mantenía esa inseguridad de no saber qué era lo mejor para ella porque las raíces de ese problema eran más profundas que esa sola experiencia por la que acababa de pasar. Creo que Duda nunca llegó a recibir ese aprecio o valor, de esa persona que ella consideró muy importante en su vida, un padre tal vez, una madre, una abuela, un esposo o no sé, hasta pudo haber sido un íntimo amigo.

El saber esto para mí no fue suficiente, Duda tendría que encarar su realidad, aunque esta fuera muy dolorosa, pero por su misma inseguridad ella nunca se atrevió hacerlo.

Duda nunca fue una mujer de convicciones porque a ella le fue más fácil ver el aspecto negativo a las cosas, y ese mismo Temor que llevaba dentro hizo que se sintiera paralizada o que no pudiera estar más segura en sus opiniones, en sus creencias y en la confianza y la fe para con todos.

Duda no es completamente una mujer mala o ignorante y su mismo deseo de estar segura el 100% en todo puede ser de gran ayuda para cualquier persona que quiera establecer los mejores argumentos en cada plática. Y lo acentúo así porque, gracias a ella, pudimos ganar muchos litigios laborales. Era como haber tenido al lado a la mejor representante en casos legales. Cualquier persona que deseaba emprender un interesante diálogo con Duda, bien sabía la tarea que tendría que hacer en prepararse lo mejor posible antes de poder ganar cualquier debate contra de ella. Este es uno de los beneficios más grandes para cualquier persona que deseara la compañía de Duda, y ciertamente eran detalles de ella que a veces pasaban desapercibidos; pero no culpo a nadie, todos estábamos ya frustrados con ella.

Con seguridad, otro gran detalle pudo haber sido que, al dialogar con Duda, existía la certeza de aprender algo nuevo.

Duda siempre supo ocultarse detrás de un bello maquillaje y provocativas prendas de vestir; diríamos que en ocasiones pudo darse la oportunidad de ser algo presumida y creída. Cuando Duda se vestía de esplendor y con un maquillaje suave y con un poco de pretensión, ella aparentaba ser una mujer con un gran intelecto. Pero eran puras apariencias, porque con ese mismo intelecto ella rechazaba completamente y cuestionaba todas aquellas creencias o enseñanzas que no podía aceptar, ya que nadie había podido derrotar o comprobar nada o algo en contra de su propio juicio. Y yo me preguntaba, ¿cómo iban a lograrlo si ella y su propia inseguridad nunca dieron consideración a ninguna posibilidad?

En varias de las reuniones de trabajo, cuando se nos daba la oportunidad de lucir nuestros mejores trajes, Duda siempre se vestía de manera elegante y hasta en cierta forma desafiante, pero era simplemente una estrategia de protección para que nadie tratara de cambiar su forma de pensar. Duda era terca e insolente, cualidades que la hacían más aprensiva de lo que realmente era, pero no dejaba de ser escéptica en su forma de recibir todo comentario que fuera nuevo para ella.

Duda nunca era una persona ignorante, era simplemente una mujer manipuladora. A ella también le gustaba vestirse con prendas comunes y ordinarias; este vestuario la hacía menos sobresaliente y eso la ayudaba a esconderse entre la multitud de tanta opinión o debate. Duda sabía cuándo usar su talento y cuándo esconderlo, nunca fue transparente. Porque, por más razonable, sencilla, natural y discreta que ella fuera, no dejaba de ser fría, indiferente y muy calculadora. Esta forma sencilla de ser era la más común para ella, ya que era la forma más discreta y segura para poder sobrevivir a tanta crítica o reproche de los demás.

Después de haber conocido a Duda mucho mejor que mis compañeros de trabajo, no había discusión alguna: Duda podía ser la mejor compañía de cualquier persona que quisiera conocerse a sí misma o conocer el complejo mundo en que vivimos. Pero Duda también podía volverse el peor de los tormentos aun en la mejor compañía, por sus propios prejuicios e inseguridades, porque nunca iba a tomar decisiones fuertes y ella era incapaz de ir tras aquellas cosas que aún no le fueran familiares.

Aunque ya no trabajamos juntos, logré entender lo miserable que era ella, porque *las personas que viven en una constante duda se han desconectado completamente de ellas mismas. No darse cuenta de los talentos y las habilidades que tienen —y esto incluye su propia espiritualidad— las vuelve inseguras. Para comenzar a liberarse de esa inseguridad (duda) deberían dejar de preguntarse qué es lo que el mundo necesita o cómo se ven en este mundo tan cambiante, y más bien preguntarse qué es lo que necesitan para vivir y no simplemente existir; es ir tras aquello que los haga vivir. Porque lo que el mundo necesita es gente que sepa vivir.*

Resentimiento

Enlace: Eran apenas las 3 de la madrugada; solamente había dormido un par de horas. Para mí era muy fácil perder el sueño y esta vez lo había perdido por una pesadilla que había tenido.

En mi pesadilla, yo estaba soñando que alguien trataba de matarme; me encontraba manejando mi propio carro, que por cierto ya es algo anticuado y no podía correr más de 90 millas por hora, y atrás de mí venía una motocicleta muy moderna, que fácilmente podía acelerar su velocidad hasta el triple de mi pobre carcacha. Pero no lo hacía, solamente estaba tratando de provocar en mí mucho miedo. En la moto venían dos personas, una conducía y la otra apuntaba una pistola hacia mí.

Dimos vueltas por todos los lugares, en sitios muy oscuros, otros llenos de gente, y otros entre la maleza y el campo. Era toda una película difícil de ignorar o de la cual tratar de despertar. Cuando esa moto se acercó más a mí y pude ver el rostro de quien llevaba la pistola, este disparó, exactamente hacia mi frente. Sin lugar a dudas no había forma de errar el blanco.

Ese episodio hizo que me despertara asustado y lo único que me pregunté fue: "¿Sigo vivo?".

El haber visto el rostro de esa persona me causó asombro y me hice muchas preguntas: ¿Qué le debo yo a esa persona? ¿Por qué quiso matarme? ¿Pero si cuando estamos cerca ella no aparenta sentir ese odio hacia mí?

Ya eran las 4 de la mañana y aun no podía olvidar ese rostro. Esa escena había sido tan clara y palpable, que pude hasta sentir el aroma de esa persona, los humos de esa motocicleta y los ruidos de toda esa aventura. Solamente me hubiera faltado haber comido palomitas de maíz (*pop corn*) horas antes de dormir para haber jurado que había estado en el cine.

Entonces fue cuando entró Soledad a mi casa. Aún estaba oscuro afuera y ella se acercó a mí:

—Ya que estás despierto, ¿me invitas un café?

— Claro, no es de más; tu visita no pudo haber llegado a mejor tiempo que este —le contesté—. Creo que ya te enteraste de mi pesadilla. ¡Ella quiso matarme! ¿Y qué chingados le hice yo para que ella llegue a tal motivación? —creo que hasta negro me estaba tomando mi café, por estar ya tan acalorado.

—¿Y por qué no te pones en sus zapatos? —me preguntó Soledad.

—¡Ah!, ¿ahora tú vas a decir que yo me lo merecía? —Con un poco de rabia, pensaba que Soledad ya me estaba dictando sentencia—. ¿A eso viniste? ¿Solo para decirme que yo soy culpable de cómo se sienten los demás? Entonces, si yo siento tristeza, ¿también alguien más es el culpable y no yo? Y si siento odio, ¿yo no seré el creador de mis propios sentimientos sino aquellas personas que me hicieron sentirlo? ¿A dónde quieres llegar con esto Solead? —con mi maldita costumbre de alegar, no le daba tiempo a Soledad para contestar.

Soledad solamente dijo:

—¿Cuántas veces no le hacen daño alguien y ese alguien no sabe cómo enfrentar los resultados de tan injusto insulto o inmerecida desdicha? A veces a las personas se les olvida que perdonar es de mayor beneficio para ellas mismas que para aquellos que trataron de causarles daño, y otras veces también piensan que el tiempo va a resolverlo todo, así que prefieren no ventilar esas emociones que están sintiendo, sin darse cuenta del mismo daño que se están haciendo al no ventilar sus emociones negativas en el momento adecuado —Soledad trataba de llegar a algo más profundo.

Al conocer que Soledad tenía las intenciones de enseñarme algo en mi enojo, preferí callarme.

—Es por eso que cuando ya existe un enojo, por muy justificado que uno lo sienta, primero debes soltar esa piedra que ya tenías en la mano y ponerte en los zapatos de la otra persona. Es algo tan simple como saber escuchar —Soledad había logrado calmar mi furia—. ¿Cómo crees que viene el resentimiento sobre las personas, Hiramcito? —Soledad estaba siendo sarcástica conmigo: me estaba dando de mi propia medicina—. El resentimiento nace en las personas tan fácilmente disfrazado que no se puede mostrar inmediatamente. Uno no despierta de una pesadilla y dice: "hoy voy actuar con resentimiento". ¿O acaso ese era tu plan? —Soledad ya me estaba desafiando.

—Si tú hubieras permitido que la cólera llegara a ti con prejuicios o sentimientos premeditados después de esa pesadilla, tal vez Resentimiento hubiera venido a visitarte antes de que yo lo hiciera —era una buena advertencia la que Soledad me estaba dando—. Resentimiento puede fácilmente buscar cómo defenderse, aun con una actuación de víctima, como también simplemente esperar pacientemente su turno para atacar como un mercenario a sus agresores. Por muy mínima que sea una ofensa, Resentimiento no tardará en hacernos sentir que la venganza es justificada o que sentirnos víctimas es una actitud aprobada —Soledad había logrado hacerme entrar en razón.

¿Quién es Resentimiento?

Antes de juzgar a Resentimiento, tendríamos que conocer quién es él, cómo es y cómo saber reconocer su presencia.

Resentimiento es un hombre sencillo que se preocupa muy poco por su propia imagen. Sin embargo, se esfuerza por quedar bien con los demás; él sabe cómo llamar la atención y así se puede convertir en una persona muy interesante a simple vista. Es un hombre al que todos saben apreciar por su forma tan natural y sincera de ser, pero también es un hombre que fue abusado con maltratos físicos y emocionales por parte de aquellas personas a quienes él había entregado toda su confianza y afecto. La vida continuó proporcionándole más engaños y ofensas que se comprimieron en él. Toda esa compresión que se guardó hizo que él se llenara de mucha desconfianza hacia los demás, guardándose sentimientos de rencor que a veces se convertían en deseos de venganza y otras veces simplemente le servían como defensas propias o murallas personales, para protegerse a sí mismo y proteger lo que el más valoraba, ya fuese su propia familia, sus ideales o sus propias acciones.

Guardarse las cosas era simplemente una actitud muy personal, porque no deseaba que su imagen, por la que él había trabajado tanto, fuera destruida. Él se consideraba un hombre piadoso, compasivo y muy sensible que no soportaba ver actos de injusticia o daños hacia los demás; mas en cambio no se daba cuenta de que por dentro vivía muy miserablemente.

Por los mismos daños e injusticias que él ya guardaba dentro, cada vez se apartaba más de los demás. Y en su abandono, se la pasaba juzgando severamente las actitudes de los demás, sin reservarse los demasiados prejuicios que se había formado.

No obstante, él vivía siempre en el recuerdo y en la prisión de sus propios sentimientos. Él era un hombre con un corazón entregado, pero en su propia entrega no podía encontrar armonía entre sus propios sentimientos y emociones; un extremo le exigía que fuera más libre y tuviera la gracia suficiente para tolerar a los demás, pero el otro extremo le exigía contemplar el castigo para aquellos que, a su parecer, se lo merecían por la injusticia causada en él.

Esa misma actitud que siempre lo había llevado al extremo hacía que a veces se volviera una desagradable compañía para los demás. Aunque él siempre fue un hombre muy responsable, a la misma vez él quiso demandar y exigir ese mismo grado de responsabilidad en los demás; se vuelve muy severo en sus opiniones y acusaciones.

No obstante, con el tiempo se vuelve un hombre que se acusa o se juzga a sí mismo, severamente y con gran frecuencia, sin reconocer con qué intención lo hace; es simplemente el fruto de su propio temperamento. En ocasiones, él acusa a los demás cuando no encuentra solución a sus propios problemas. Se trata de un hombre que se disgusta fácilmente por los pequeños detalles, pensando de antemano que en cualquier momento el fraude, la decepción y la ofensa volverán a causarle daño.

Es un hombre que se siente impotente al no saber cómo lograr cambios en los demás o cómo conseguir una mejor calidad de vida para él mismo, un hombre muy herido injustamente que convierte esa herida en un arma de doble filo, al no saber que él mismo se está haciendo daño, además de dañar a los demás.

Resentimiento es un hombre que, al no saber odiar —porque para él siempre fue mejor suprimir sus propios sentimientos—, solamente sabe guardar rencor, disgusto o decepción, sin encontrar cómo expresar esos sentimientos en una forma saludable e íntegra.

Se trata de un hombre que tiene un semblante natural, ojos muy bellos y pelo bien recortado, porque siempre se preocupó por la apariencia. Pero por muy cuidada y bien mantenida que estuviera su vida exterior y su apariencia, su corazón ya estaba amargado, con un alma oscura donde la luz no existía, el estado de un corazón casi a punto de descomposición o desintegración, una postura que él nunca quiso aceptar por ese mismo miedo de no saber enfrentar la realidad.

¡Pobre viejo! Si supieras lo mucho que has envejecido y no por los años, sino por ese mismo espíritu resentido que llevas dentro. Si tan solo pudieras recapacitar en *lo imposible que se te ha hecho desarrollar buenos e incondicionales sentimientos hacia los demás. Pero si no nos ocupamos de nuestros propios demonios para practicar una bondad incondicional, nunca lograremos ver un mundo diferente. La reflexión es el factor que no existe en el resentimiento; debemos practicar la bondad, el amor incondicional y el perdón, incluyéndonos a nosotros mismos y a todos los seres humanos. El comienzo más beneficioso y saludable sería con aquellas personas que nos son más difíciles, aun si esto significara tener que comenzar por nosotros mismos.*

Ego y Vanidad

Enlace: Fue en una Navidad, cuando toda la familia había tenido la oportunidad de juntarse, algo que por años había sido muy difícil de hacer realidad, ya que la distancia era muy pronunciada entre primos, tíos, hermanos y toda la familia: unos vivían en el estado de Tennessee y otros en Virginia, en California, en Arizona, en Florida, en Ciudad de México y en el estado de Nuevo León, México. Eso, aparte de que las ocupaciones de cada familia eran tan diversas que nunca podían acoplarse los horarios para tener vacaciones al mismo tiempo.

No pasaron muchos días sin que la familia tuviera problemas para estar junta: las discordias comenzaron, las envidias no se dejaron esperar, las comparaciones sobresalieron, los desacuerdos de opiniones llegaron a su esplendor y ¿qué más se puede decir? Ahora que todo eso forma parte de las memorias de toda una familia grande, solamente nos reímos y nos preguntamos: ¿Cuándo vamos a poder juntarnos nuevamente?

Una mañana, cuando el sol apenas se estaba asomando, mientras yo me encontraba meditando y fumando mi pipa afuera de mi casa, sentado en el patio, estaba pensando acerca de todo lo que había pasado esa Navidad que pudimos tener a toda la familia junta.

Estuve a punto de llamar a alguno de mis hermanos, a quienes amo tanto, Ely, Norma o Paty, pero era muy temprano para comenzar a molestarlos. Quería platicar con uno de ellos y ver si podíamos reflexionar acerca de todos esos días que habíamos estado todos juntos.

Es que mi curiosidad por conocer puntos de vista muy diferentes a los míos era cosa ya muy natural en mí. Pero, desgraciadamente, la gran mayoría de ocasiones esa cualidad me hacía ver como alguien a quien le gustaba presionar botones.

Y aunque esta ocasión solo deseaba platicar acerca del ego de las personas, yo sabía que presionar botones en este tema iba ser inevitable; tal vez por eso esa llamada nunca la hice.

¿Pero por qué no platicar acerca de los atributos más controversiales del ser humano? El ego es una cosa muy natural en todos nosotros. Si no tuviéramos nuestro propio ego, todos seríamos seres idénticos. El ego nos ayuda a definir nuestra personalidad.

Pero, desgraciadamente, es el mismo ego es lo que nos ha llevado a rivalidades extraordinarias por el deseo de ser mejores que los demás o por el mismo temor de no ser estimados justamente. Una persona con un ego razonable sabrá cómo honrar y apreciar a los demás sin necesidad de convertirse en un antagonista o una víctima ni de usar métodos de manipulación y venganza, solo para sobresalir o lograr los propósitos.

Pero, ¿acaso es posible controlar nuestro propio ego cuando está siendo constantemente alimentado por nuestras emociones, prejuicios, temores y todo aquello que está siendo absorbido por nuestra mente y un corazón engañoso?

¡Sí, sí es posible! Pero de la única forma que puede ser controlado o confrontado es con algo o alguien que sea mayor o mucho más grande que nuestro propio ego. Y lo único que puede ser mucho más grande que él es nuestro espíritu.

Yo ya había estudiado acerca del espíritu de las personas y constantemente me llamaba la atención conocer más sobre el ego, por eso mi llamada tenía un interés genuino y no era para decir: "¿Y te diste cuenta de cómo actuó ella?".

No sé cómo hubieran tomado mi llamada mis hermanos; tal vez uno me hubiera dicho: "Hiram, ya vas a comenzar a presionar botones, ¿que no puedes pensar en algo más sano?".

Tal vez mi otra hermana me hubiera dicho: "Es por eso que la familia no se reúne más seguido, nadie te aguanta, Hiramcito".

¿Y qué de mi hermano, el más prudente? Él me hubiera preguntado: "Hiram, si traes algo atorado, cuestiones, eso no te va hacer bien, ¿deseas que oremos?".

¡Ay, mi tribu! ¡Cuánto los amo y los extraño! Bien me dijo mi mami una vez: "Todos mis hijos son como los dedos de mi mano, tan diferentes".

Y ahorita que estoy reflexionando sobre ese comentario de mi madre, me gustaría saber cuál dedo seré yo.

—¿Acaso seré el dedo que más desorden hace? —de repente me preguntaba—. No creo ser el pulgar, aunque sí me gusta presionar los botones de todos, sin tener que hacer excepción de dedos —esto era para reírse—. ¿O acaso mi familia pensará que soy el dedo índice, por ser tan directo y apuntar tanto a las cosas negativas de nuestras vidas? ¿Y qué tal el dedo meñique? Porque me gusta quitarle la cera a todos los que no desean escuchar la verdad. ¿O qué tal el dedo medio, porque a veces soy muy grosero y dijo maldiciones? No, definitivamente no puedo ser el dedo anular, porque este vive amarrado o atado a un anillo de compromiso, y lo que yo estimo como más importante es mi libertad —así de fáciles eran mis ocurrencias.

Pero mi incógnita aún no se había ido de mí. Yo deseaba saber cómo tantas personas, incluyendo miembros de mi familia, podían vivir sin poder controlar sus emociones o temperamentos y por qué, aun diciendo que nos queríamos mucho o que nos amábamos, no permitíamos que el espíritu tomara control de nuestros propios egos.

Ego y Vanidad llegaron a esa reunión familiar y, por la forma en que ellos se comportaron, puedo pensar que esas actitudes fueron el mejor ejemplo de esa enemistad que tienen con nuestro espíritu.

¿Quiénes son Ego y Vanidad?

Ego y Vanidad son dos hermanos gemelos, hombre y mujer que no pueden vivir separados. Ego es el autor de toda iniciativa y siempre es quien comienza todo afán o hazaña, mientras que Vanidad es quien le celebra todas las acciones. Ego siempre sabe cómo estimular a Vanidad para que ella le regrese la aprobación absoluta e incuestionable que él siempre espera recibir de la gente, como también Vanidad sabe cómo provocar a Ego para que él no la haga a un lado y siempre la invite en todas sus iniciativas. ¡Son inseparables!

Ambos comparten una unión inseparable; como gemelos idénticos que son, cada uno siente y sabe lo que el otro está sintiendo o haciendo, aun si se encontraran algo distantes entre ellos —pero es difícil verlos separados—. Es indiscutible que ambos fueron muy hermosos desde que eran bebés y que toda la gente les dio una esmerada atención, provocando así en ellos la necesidad de seguir buscando tal simpatía y jactancia por el resto de sus vidas.

Sus padres, Orgullo y Soberbia, procuraron que sus gemelos nunca fueran ignorados en las fiestas; siempre buscaban la forma de presumir de ellos y de hacerlos sentirse deseados en todo momento. Así, con el tiempo, Ego y Vanidad se volvieron más déspotas y creídos y procuraron siempre mantener la atención del público y que todo se centrara en ellos, con sus extravagantes gastos y fabricados retoques de belleza y atracción.

Ego y Vanidad solamente buscan llenar sus propios caprichos y mantener esa imagen de encanto, para ser elogiados y aplaudidos por la gente que los conoce. Sin duda alguna, Ego y Vanidad siempre hacen hasta lo imposible para destacarse y hacer sobresalir esas cualidades o atributos naturales con las que nacieron. Sin embargo, su propia vanagloria e infatuación los lleva al extremo de siempre querer ser el centro de toda atención, sin importarles si están lastimando a los demás o si se están volviendo más déspotas en sus propios caprichos.

Aunque Ego y Vanidad siempre han sabido cómo encontrar los recursos necesarios para obtener la atención que buscan, ya sea por medios monetarios, atributos físicos, a través de una superación personal, o aun por saber jugar el papel de víctima, esa misma necesidad que existe en ellos nunca puede ser saciada y esa falsa percepción de sentirse con un valor más alto o más supremo que los demás es lo que los lleva a ser más mezquinos.

Ego y Vanidad tuvieron muchos amigos, pero muy pocos de ellos lograron ser íntimos amigos, porque Ego y Vanidad siempre tuvieron gran miedo y odio a la transparencia, a la humildad y a la sencillez. La falta de verdaderos amigos se debe a que a Ego y a Vanidad nunca les ha importado menospreciar o pisar a los demás, con tal de mantenerse ellos en el centro de atención. Aun con su silencio, ellos sabían cómo hacer sentir menos a los demás.

Ego y Vanidad viven constantemente comparándose con los demás. Si por algún motivo algo les hiciera falta para ser mejores que el vecino o que los otros familiares o en el trabajo, a ellos no les importaría endeudar toda su vida con tal de no perder su estatus.

Ego, por tener un carácter muy fuerte, es capaz de herir a los demás, manipularlos o despreciarlos con tal de que se haga su voluntad. Vanidad es más tranquila, ocurrente y divertida; todo lo que ella desea es ser envidiada por todo el mundo.

Ego y Vanidad no tienen mal corazón; son sus ambiciones extremas lo que las hace ser dos personas algo desagradables, pero tampoco puedo negar que ellos sabrían dar muy buenos consejos o ser de gran ayuda o motivación para aquellas personas que sufren por una escasa estima propia y una falsa conmiseración.

Aunque siempre he tenido muy cerca a estos dos hermanos gemelos, no nos visitamos tan seguido porque ellos todo el tiempo andan de fiesta en fiesta, o a veces en viajes por todo el mundo.

Pero sí puedo decir que *son personas que viven en una constante comparación y esa comparación les ha robado una felicidad más genuina que no depende de posesiones. Estar constantemente tratando de encajar y sobresalir no los ha ayudado a cultivar una aceptación por quienes ellos son realmente, en lugar de por aquello que tienen.*

Aún no han podido disfrutar de ser más auténticos porque viven tratando de ser como los demás o mejores que los demás. La única forma de salir de ese ciclo enfermo es aprender a ser más agradecidos por las cosas sencillas y más compasivos, para no estar gastando su energía en competir o estar comparándose toda la vida.

Obsesión

Enlace: Me pregunto si todos hemos tenido alguna vez un pasatiempo que requiriera una inversión muy grande de nuestra parte. Ciertas personas crecen con la motivación de pintar y dibujar, y aunque yo tuve ese talento, no lo seguí cultivando el resto de mi vida. Otras personas tienen el talento de crear cosas con sus manos, de trabajar con madera o con cerámica. Hay muchos talentos como también muchos pasatiempos.

En mi juventud, cuando vivíamos en Los Ángeles, CA, yo crecí admirando esos carros lujosos a los que las personas dedicaban tanto tiempo y dinero para restaurarlos, los *lowriders*.

Esa admiración se había convertido en un sueño tan grande que yo quise tener mi propio *lowrider*.

Los años pasaron y yo ya no vivía en Los Ángeles, CA, mas ese deseo se había venido conmigo.

Una vez, ya viviendo en Texas, había decidido ir tras de mi sueño de restaurar un carro antiguo. Fue un viaje de ocho horas para poder traerme una camioneta, una pickup Chevy del año 1954.

Había sido tanta mi emoción que toda mi atención estaba centrada en ese proyecto. Yo llegaba a trabajar horas extras solo para poder comprar las piezas originales y ya cromadas para darle ese lujo que provocaría la envidia de mis compañeros de trabajo.

Pero desgraciadamente toda esa inversión se perdió aun antes de verla terminada: yo ya había gastado una cantidad muy exagerada cuando, en un abrir y cerrar de ojos, alguien se la robó.

El dolor no fue menor; todas mis ilusiones se habían ido con esa camioneta. Y con los años solo me la pasaba culpándome por no entender si lo que yo había forzado había sido una obsesión o la pasión de restaurar una vida, que ahora nuevamente veo en el contenido de todos mis manuscritos.

Ahora puedo comprender mejor que, al no saber ver la diferencia que existe en ser motivados por una pasión o una obsesión, los resultados siempre serán muy caros. La pasión es auténtica, inalterable y nos llenará de vida, mientras que la obsesión es siempre adulterada por las emociones, es muy inestable y le quita años a nuestra vida. La pasión nos da razones para vivir, mientras que la obsesión nos da motivos para existir.

Siempre que llegan a mi memoria las aventuras de ese proyecto, también viene a mí la amistad que tuve con una mujer. Yo llegué a conocer a esta mujer cuando por primera vez había logrado estar en un trabajo donde me pagaban muy bien y los beneficios eran muy buenos.

Creo que las posibilidades de encontrarse con esta mujer son mayores cuando se tiene acceso a recursos que antes no se tenían, ya sean estos recursos financieros, una nueva posición o popularidad u otras oportunidades.

La pasión es todo lo contrario, ella no nace de las nuevas oportunidades sino que nace del corazón, sin tener que depender de factores externos, de otras personas o de recursos fuera de uno para justificar su existencia.

¿Quién es Obsesión?

Ella era una mujer ya casada; bueno más bien vivía en unión libre con Comparación. Ese vínculo que tenían las dos ya era de muchos años. Yo sé que se unieron desde muy jóvenes, porque cuando conocí a Obsesión ella me hablaba mucho de su pareja. Era un matrimonio que siempre había sido muy interesado, ambicioso y materialista.

Obsesión era una mujer muy difícil de satisfacer. Ella era consciente de lo bella que era, pero siempre tenía la idea de alterar su cuerpo para permanecer joven y atractiva; siendo así, ella vivía tan llena de comparaciones que, poco a poco y con el pasar del tiempo, buscaba qué más hacerse en el cuerpo, añadirse más busto, después operarse para quitarse más grasa (o abdomen), como también con la preocupación de mantenerse en el gimnasio como si ese lugar fuera su religión, y así continuando un juego de "¿qué más me falta hacerme o comprarme para seguir siendo la misma de antes?".

Pero ya cuando al cuerpo no se le podía agregar o quitar nada más, entonces su atención comenzó a enfocarse en otras opciones, como las pertenencias personales, un mejor carro que llamara más la atención de los demás, una mejor casa, una amistad más joven, un estatus más alto, una renovación extravagante en casa o alguna otra cosa que tal vez los vecinos o hasta su propia familia aún no habían logrado obtener, siendo quizás una alberca en casa, la adopción de un bebé o hasta una nueva relación misteriosa.

Obsesión constantemente se imaginaba que ella estaba viviendo una vida muy apasionada, pero cuando ella amaba a alguien no se daba cuenta de que únicamente estaba amando en la misma medida en que podía ser amada. Ella estaba muy lejos de conocer lo que verdaderamente era tener un amor incondicional.

No puedo negar que juntos nos divertimos, pero durante nuestros tiempos de reposo yo traté de explicarle que ese amor que ella sentía no tenía nada que ver con la pasión, porque sus sentimientos estaban muy protegidos con prejuicios y murallas que ella misma se había formado para no ser dañada, y ese apego a las cosas materiales o superficiales únicamente la estaba limitando para darse verdaderamente a los demás.

Aun así, nunca quiso escucharme, ella solo deseaba mantenerse interesante, porque para ella las comparaciones eran la agenda de cada día, aparte de que también era una mujer muy codiciosa y calculadora.

Era una mujer interesante en todo el sentido de la palabra, interesante por ser muy atractiva, seductora y encantadora, pero también interesada por tratar de retener únicamente aquellas relaciones o amistades que pudieran proporcionarle algún beneficio.

Ella nunca aceptaría estar obsesionada o estar encaprichada con algo o por alguien, porque al ver su realidad se daría cuenta de que los intereses estaban primero para ella antes que un amor más verdadero y genuino. Era ambiciosa y sus prioridades estarían siempre por encima de los demás.

No puedo negar que ella siempre tuvo una entrega inmensa para su familia, pero esa entrega fue solamente porque sabía que su propia familia no iba a ser ninguna competencia o desafío para que ella dejara de sobresalir; todo lo contrario, para ella, saber mantener una buena familia también se convertiría en ejemplo de comparación con los demás.

Obsesión ocultaba un demonio dentro de ella, que ni ella misma tuvo el valor de enfrentar, sino que alimentarlo, para ella, fue la mejor forma de lidiar o enfrentarse con ciertas experiencias de su vida que aún no habían sido restauradas.

No voy a negar que cualquier persona podía enamorarse de ella; Obsesión tenía el talento de convertir todo en un juego divertido, un falso éxtasis, pero a la larga, la compañía cansa, es agotadora y sin darse cuenta, uno llega a derrochar tanto dinero en ella que después ni ella misma lo sabe apreciar.

Aprendí muchas grandes lecciones al lado de ella; fueron momentos muy calientes (y preferí no decir apasionados, aunque llevan la misma energía), pero las pérdidas son inevitables con Obsesión.

Después de varios meses que estuvimos juntos, pude entender *la razón por la que muchas personas caen en obsesión, y es porque limitan su mente y se aferran a ver las cosas desde un punto de vista muy individual (¿qué hay para mí?) y una inclinación muy pobre a la vez.*

Una vez que las personas se sujetan o se llegan a afirmar a ese punto de vista y este se solidifica en sus corazones, toda su percepción cambia, es por eso que es muy fácil confundirla con la pasión de las personas.

La única diferencia básica entre ellas es que obsesión siempre presentará un cuadro muy egoísta y negativo, aunque este no quiera ser reconocido. Por eso, como remedio para que la obsesión no controle nuestras vidas es importante que el corazón y la mente trabajen juntas en armonía, con un entusiasmo imparcial y sin prejuicios.

Inocencia

Enlace: Haber llegado a esta ciudad tan grande en Virginia había sido una gran experiencia para toda la familia. Yo, en mi trabajo, conociendo nuevas amistades, al tiempo que mi familia hacía las suyas.

Este cambio había inspirado en mí escribir una novela donde yo destacaba la manera en que cualquier cambio podía causar problemas en una familia, ya que todos lo tomarían en forma diferente.

Pero mientras mencionaba a mi familia las experiencias de mi nuevo trabajo y les contaba que Duda era una compañera de trabajo a la no tomé como enemiga y —explicándoles mis razones— les decía que pudo haberlo sido si hubiera permitido que las malas cualidades de las personas influyeran sobre mí. Y es que, por más que quise ayudar a Duda, ella nunca quiso cambiar su forma de pensar.

Desgraciadamente, muchos de los consejos de los padres se pierden en el aire, porque los jóvenes ya tienen su mente clavada en otras motivaciones. Este fue el caso de Inocencia.

Hay gente joven que tiene muchos deseos de ser diferente y procura con gran recelo guardar ese corazón inocente, ingenuo y puro, para el momento en que encuentre el amor de su vida. Por muy triste que fuera esa experiencia, no fue un cuento de hadas; es la ilusión de toda mujer joven con un corazón entregado que desea dar lo mejor para este mundo, pensando que el mundo también le va a entregar lo mismo.

Lamentablemente, cuando las personas jóvenes tienen esa inmensa energía en ellas, confunden tantas cosas y se dejan engañar por tantas personas que terminan siendo víctimas del lobo, como lo fue la misma Caperucita Roja de los cuentos.

La mayoría de veces las personas confunden ingenuidad y torpeza con inocencia, tratando de llevar una vida llena de pureza, en castidad y con cierta medida de virginidad. Pero ese deseo de mostrar inocencia no solamente se puede observar en la juventud, sino que se puede disfrazar en personas ya mayores que desean seguir aparentando una obvia inocencia o ingenuidad como forma de justificar sus errores o sus malas decisiones.

Recuerdo que una vez una persona demandó a la cadena de restaurantes de McDonald's con el argumento de que ella no sabía que su café estaba caliente. No sé con qué manos habría agarrado esa taza de café, pero cuando quiso beberlo sufrió quemaduras. Este tipo de ingenuidad, inocencia y torpeza siguen operando a nuestro alrededor y cada vez las personas inventan excusas más creativas para justificar su presunta inocencia y así sacar lucro de sus mentiras, usando abogados astutos que solo desean aumentar el dinero de sus bolsillos. Es una inocencia presunta que trata justificarse al ser enfrentada, y ejemplos como estos vienen a mi mente: "Perdone, oficial, yo no sabía que tenía que respetar las leyes", "Perdone vecino por mi ruido, yo no sabía que usted duerme de noche".

¿Quién es Inocencia?

Es una joven mujer con muchos sueños y con deseos de volar bien alto, pero, a la misma vez, por su inexperiencia y su ingenuidad ella no logra entender la diferencia que existe entre una persona ingenua y otra que verdaderamente es inocente. Desde que fue muy niña, ella valoró ser siempre una mujer transparente, sin malicia y sin la necesidad de llegar a la grosería, la picardía o el descaro, al punto de desear hacer la diferencia en un mundo lleno de maldad y de hipocresía. Pero, desgraciadamente, por la falta de experiencia y comprensión, su sinceridad la llevó a la ingenuidad (o a cometer las peores estupideces). Mientras ella trataba de mantener un corazón inocente en un mundo que ya desde hace mucho tiempo había comenzado a despreciar todos aquellos valores que tienen que ver con la sinceridad y la falta de malicia en los niños (o aun en las personas mayores), ella solamente se rodeó de compañías que influyeron muy negativamente en sus decisiones.

Así, por esa ingenuidad, ella comenzó a copiar las mismas manipulaciones y seducciones de otras personas que eran más astutas y sagaces que ella. Era una completa ironía haber querido mantener un corazón puro desde muy temprana edad y, por no desear escuchar palabras de sabiduría, volverse una presa más para cualquier narcisista.

Muchas veces nos olvidamos de que en este mundo debemos aprender a ser tanto ovejas como astutas serpientes, e inocentes como las palomas. ¿Entonces no hay ningún problema con la inocencia? ¡Por supuesto que no! El problema es que estas personas no saben ser ovejas cuando deberían serlo, no actúan como serpientes cuando deberían actuar como tales y no son inocentes cuando podrían serlo. Una persona ingenua vive en un mundo inventado e irreal que no sabe diferenciar entre lo falso y lo verdadero. Y por esa misma impresión, con el deseo de ser vista como una mujer buena y diferente, ella siempre trataba de mantener el deseo de ver siempre el lado bueno en todas las personas; siendo esa una cualidad muy propia de un corazón noble e inocente, pero erróneamente esa misma cualidad la hacía caer en la misma trampa de no desear reconocer el mundo tal y como es.

Su pasión por vivir una vida transparente y fuera de toda malicia nunca la favoreció para entender que no todo es lo que parece ser. La ironía de esta conducta fue que ella nunca quiso reconocer todas aquellas personas que supieron tomar ventaja de ella.

¡Cómo hubiera querido ver que sus ojos se abrieran más temprano y no siguieran viviendo en el engaño que ella misma se formó! Y la verdad es que no hay ninguna maldición o insulto en el deseo de seguir guardando un alma de niño dentro de uno mismo, pero se vuelve una condena cuando no deseamos ver las dos caras de la moneda. El lado miserable y negativo de esta joven hermosa es no desear ver la realidad ni darse cuenta de que todas las personas tienen sus lados bueno y malo; es por eso que el mismo Dios nos pide que seamos astutos. Al reconocer que todos tenemos un lado horrible escondido en nuestro interior es cuando empezamos a distinguir entre ser ingenuo y ser inocente. Pero, para Inocencia, el temor de dejar de ser diferente a los demás (o sea, dejar de ser buena) era como sentir que ya no iba a poder ser esa misma mujer noble y de buenos sentimientos que la distinguían de las demás personas. Desgraciadamente, una vez que las personas se forman un mundo, por muy irreal que este sea, ya no habrá nada o nadie que pueda destruirlo; al no querer ver la realidad del mundo en que estamos viviendo, estas personas se tornan miserables cuando despiertan de sus sueños.

Ahora recuerdo todas las veces que habíamos platicado; pero una vez que tu mundo cambió, todas las palabras se volvieron inútiles. Ahora solo desearía que escucharas mis últimas palabras:

Aunque parezca algo absurdo establecer límites y responsabilidades a los demás, eso no te impedirá seguir siendo una mujer diferente. El saber aceptarte como realmente eres hará de ti una persona más bondadosa; a cualquier persona le puede ser difícil poner ciertos límites y hacer responsables a los demás, pero es necesario hacerlo para después no tener que acusar a nadie o llegar a defraudarnos a nosotros mismos.

Contempla siempre tu corazón, no lo olvides: solo a través de tu corazón podrás descubrir la verdad. Nunca eleves a otras personas más alto que tus propios valores, considera siempre la integridad de tu corazón. Ser genuina con tu corazón no es solo una cuestión que resolver sino también una honestidad que él se merece, porque de la misma forma en que vemos nuestro interior percibiremos el universo que nos rodea. Hay que tener valentía de ser honestos con nosotros mismos, para después tener esa misma valentía y descubrir ese mundo que nos rodea.

Desenlace del capítulo III: Las enemistades

Si todos pudiéramos reconocer anticipadamente cuándo una amistad no nos conviene, tal vez nos evitaríamos muchos dolores de cabeza, pero la profundidad de las intenciones no sale a la superficie así de rápido. Cuando ya hemos invertido nuestro tiempo y nuestros recursos es que descubrimos los monstruos que todos llevamos dentro. Y no es que todos estemos inclinados a esconder esos monstruos de los demás; simplemente, cuando entramos con más confianza y libertad ellos comienzan a asomarse con más frecuencia. Esto mismo pasa con nuestras feas actitudes y temperamentos. Entonces, si pudiéramos ver el paralelismo que existe entre amistades y temperamentos, ¿por qué nos cuesta tanto deshacernos de estas feas conductas o temperamentos en nosotros mismos y no actuamos en una forma más radical como lo hacemos con personas o amistades que ya no deseamos tener cerca de nosotros?

El problema siempre ha estado en que todas esas actitudes negativas las vemos muy nuestras; nos identificamos tan bien con ellas, como si nosotros hubiéramos sido los propios creadores de tales monstruos. Es como habernos enamorado de nuestro propio Frankenstein.

Creo que deberíamos tomar más tiempo para entender qué es lo que nos conviene y qué lo que nos está destruyendo. Ningún monstruo que llevemos dentro nació el mismo día que nosotros. Ellos han seguido allí porque han sabido manipular sus razones para seguir dentro de nuestras vidas. Creo que ya es tiempo de hacer enemistad con esas cosas que nos han hecho daño o que han hecho daño a los demás.

Pero, para comenzar con esa enemistad, hay que empezar a reconocer cuáles son esas malas amistades. Al no poder reconocer sus intenciones, tampoco podemos culpar a nadie, entonces se empieza recordando y tomando en cuenta los valores que son importantes para nosotros; aunque nuestros padres no nos los hayan enseñado, nunca es tarde para aprenderlos.

Los valores que le demos a la vida nos ayudarán a darnos cuenta de quién está para ayudarnos y quién para destruirnos. Algunos de los valores que yo, personalmente, aprecio mucho son la libertad, la honestidad y la nobleza. Cualquier monstruo que quiera destruir esos valores tendrá que sufrir una oposición muy grande de mi parte.

Cualquier confrontación nunca ha sido fácil para nadie, pero no es sino en el momento en que la última gota rebasó el vaso cuando nos llenamos de ese valor para ir en contra de todo. Sinceramente, no sé por qué tenemos que esperar hasta el final, cuando hemos perdido a seres queridos o cosas que tenían más valor y no supimos valorar.

El reconocer todo el daño que temperamentos, impulsos o conductas te han causado puede ser el comienzo de una vida más saludable. Ver las cosas tal y como son, sin la necesidad de disfrazarlas: las mentiras, el temor, el egoísmo, la obsesión, etc., también formará parte de ser más transparentes con nosotros mismos; todo eso no forma parte de uno.

Desde el comienzo quise mostrar cómo cada una de esas cosas viene a la vida de uno y quiere hacer morada dentro; no hacer conciencia de nuestra realidad es cerrar los ojos a lo miserables que continuaremos siendo si seguimos dándoles el control de nuestras vidas. La enseñanza que hay detrás de todas estas experiencias es que algunos de mis personajes pudieron aparentar ser mujeres muy hermosas y encantadoras al principio, mientras otros personajes llegaron con una fuerza manipuladora y no nos dejan otra opción más que aceptar sus condiciones. Pero si continuamos cerrando nuestros ojos y nuestros oídos a toda esta realidad, seguiremos viviendo muy mediocremente (muy miserablemente).

Capítulo IV

LAS TRAGEDIAS

Injusticia

Enlace: El año 2020 había sido un año de muchas injusticias para todo el mundo. Aunque todos dependíamos de los medios de información (noticieros) para estar al tanto de lo que estaba ocurriendo, las noticias no ayudaban mucho, más bien perjudicaban la solidaridad entre todos sus habitantes, porque ellas solo reportaban los avances como más fuera conveniente para beneficio de su propio partido político.

El año 2020, aparte de haber traído una pandemia a escala mundial, también aportó una gran división entre culturas, ideologías y con diferentes razas después de haber presenciado una tragedia humana en manos del cuerpo de la policía. Este trágico incidente causó una gran división entre todos y la política amenazaba con hacer una discriminación muy grave hacia todos los oficiales que ejercían su trabajo al poner orden y dar servicio a la comunidad.

Era tanto el odio que se sentía por las calles que aun los inocentes estaban pagando un precio muy alto por las mismas injusticias y por aquellas personas que solo deseaban causar más daño.

Aunque este trágico incidente había impactado mi vida en una forma personal, no quise tomar una actitud negativa hacia aquellas personas que trataban de demostrar su enojo para con nosotros los oficiales. Pero me era muy difícil entender por qué los medios de comunicación no eran más imparciales con sus comentarios.

Como siempre, yo solo quería poder entender por qué la vida había sido tan injusta para con ciertas personas, si bien había cosas en esta vida que no podíamos explicarnos, como el suicidio que se realiza cuando las personas han llegado a un punto de desesperación o de dolor, de rabia, de frustración, de abandono o de muchos otros motivos que pudieron haber sido la razón de su trágico acto, como también pudieron no haber sido. Y es que, aunque la persona hubiera dejado una última nota, esa nota se puede tomar con una diferente interpretación de lo que quiso escribir su autor.

Muchas veces yo he escrito notas (o mensajes) con rabia, con frustración o llenas de amor y se han leído como un mensaje completamente diferente de lo que yo quise expresar. Esa es la injusticia a la que me estoy refiriendo.

La injusticia sucede cuando se nos está juzgando mal, sucede cuando los acontecimientos pasan y uno ya no puede decir lo que siente, o también cuando perdemos a un ser querido y el tiempo borra y suprime todo lo que pudo haber sido y todo lo que pudo haberse dicho. Las injusticias del año 2020 me habían llevado a los recuerdos de una injusticia que la vida nos había dado a toda mi familia y a mí, con la pérdida de mi hermano en octubre de 1985.

¿Quién es Injusticia?

Nunca me hubiera imaginado que al escribir todas estas memorias algunas de ellas también llegaran a causarme dolor y una tristeza muy profunda. Muchas veces es fácil esconder la identidad del personaje entre las letras de cada recuerdo, pero otras veces es imposible dejar de coincidir con la identidad de ese mismo personaje al que me estoy refiriendo.

El hablar de un hermano que perdimos a muy temprana edad es hablar de Injusticia. Injusticia es una mujer ya algo vieja, pero es bastante inquieta y constantemente enfrenta problemas en la familia, con cuestiones raciales (como también lo fue en este año 2020) y con temas de aceptación. Ella es una mujer de bastante edad porque ha estado con nosotros por muchos años y siempre ha podido destruir los corazones de los más jóvenes y de los más ancianos.

Injusticia, aun teniendo bastante edad, no ha sabido madurar. Muy a menudo se siente comparada por la familia, por diferentes culturas u otros personajes que la han hecho sentirse fuera de lugar, sin valor y sin futuro. Injusticia, por más que desee ser libre, es dominada por las circunstancias que la rodean. Apasionada en su forma de vivir arrebatadamente, nunca logra salir de ese estereotipo que la familia, la cultura y la sociedad han impuesto sobre ella.

Sus grandes deseos de cambiar las circunstancias y los eventos que la rodean se vuelven un constante tormento. Pero defender su libertad por pensar que nadie la entiende la lleva constantemente a los extremos. Son acciones que, sin ella darse cuenta, poco a poco la está entrapando o enredando en su propia red.

Y es que la sociedad la ha vuelto más insensible hacia ella y hacia los demás. Es una sociedad que solamente ha hecho de ella una persona más egoísta que solo tiene tiempo y energía para ella misma y más severa para defender los prejuicios y las acusaciones, sin que le importe la vida del ser humano.

Así es como Injusticia se ha convertido simplemente en el producto de una familia, una sociedad o comunidad que no se toma el tiempo de valorar la diversidad de los demás. Le han dado muchos nombres a Injusticia según a ellos más les convenga; uno de los apodos más conocidos es Negligencia.

Injusticia, por su propia terquedad, por no ser escuchada, se vuelve la persona más violenta contra los derechos del ser humano, con comparaciones, actos de agresión y mentiras que solo buscan destruir el corazón y la dignidad de alguien.

En este caso, Injusticia había preferido usar el nombre de Escape, para ocultar su verdadera personalidad o individualidad. Cansada de ser ignorada o de sentirse despreciada, pensó que con un apodo ella lograría la atención de los demás.

Injusticia siempre ha actuado con arrebato y, por el mismo motivo de no sentirse comprendida y tal vez hasta por cansancio, ella siempre ha buscado ser reconocida usando otros métodos u otros nombres y establecer otras normas, con tal de demandar de los demás la atención que ella ha estado buscando para sentirse aceptada tal y como ella es.

Y aunque estos métodos, apodos o nombres que ella pudiera adoptar resulten ser algo chistosos o llenos de gracia, solamente se los ha inventado para evitar sentir el dolor de esa iniquidad, sin pensar en las consecuencias de que —por muy chistosa que tratara de ser— ella se estaba robando su propia capacidad de crecer.

Mi mente se encontraba brincando entre dos diferentes épocas, dos diferentes eventos, entre las experiencias de este año 2020 y las experiencias que se vivieron en la familia en 1985. Puedo decir que Injusticia en 1985 también sufrió por ser de piel morena durante un tiempo en que a la mayoría de las personas halagaba más el color rubio y la piel blanca. Injusticia sufrió por no tener esas mismas oportunidades que otras personas tenían, mientras que aquellos que las tenían no las supieron aprovechar. Injusticia sufrió porque, en vez de ayudarla a ser libre, habían tratado de controlarla.

Al haber estado con Injusticia en dos diferentes años, me había dado cuenta de que Injusticia siempre sufriría porque, por sus pocas cualidades, ella nunca se sentirá apreciada, más bien todo lo contrario: las comparaciones la han hecho sentirse más mezquina y miserable. Así es como la desigualdad permite que Injusticia se encuentre siempre siendo parte de una minoría que se convierte en menos agradable a la vista de los demás, por exageradas y ficticias opiniones.

Injusticia puede vestirse de muchas formas, pero por muy inofensivos que sean sus atuendos, no deja de provocar una ofensa y una deshonra a los derechos de todo ser humano. Injusticia ha sido muy ingeniosa también; para ser reconocida buscaba la manera de ser adoptada entre familias disfuncionales, donde la vida podía estar llena de abusos emocionales, y así ella solo fue víctima de otra familia rota y no supo cómo entender la dinámica abusiva entre los adultos.

Injusticia siempre se introducía calladamente entre los demás, pero guardar sus sentimientos sobre la manera en que los demás la hacían sentirse culpable por esas conductas y decisiones de personas mayores que ella solamente la llevaba a un estado de víctima cada vez más profundo. Por no hablar a tiempo, Injusticia siempre fue afectada directa o indirectamente por el trato tan doliente que ella permitió; tal vez su silencio se debía a que pensaba que todo eso era producto de ella misma.

A Injusticia pudieron haberla vestido (o haberle puesto como apodo) también de ignorante por no haber tenido los recursos para lograr un título universitario o un reconocimiento escolar, lo cual la hizo sentirse menospreciada por todos aquellos que la comparaban como una inútil, falta de logros o metas.

Injusticia no solo dañaba su corazón cuando ella misma se comparaba a otras personas; ese daño también solía ocurrir cuando a ella la estaban comparando. Lo peor que le podía pasar a cualquier persona era la comparación, fuera esta hecha por uno mismo o por alguien más; cualquier motivación de comparación que se hiciera presente era pedirle a Injusticia que hiciera acto de presencia.

Las experiencias que he vivido al lado de Injusticia en ambas ocasiones no han sido nada divertidas; todo lo contrario, son momentos muy amargos, tristes y difíciles de superar, porque una vez que Injusticia hace su acto de presencia, todo se vuelve como una bola de nieve que rueda por la pendiente, sin que se sepa cuántas pérdidas puede traer a su paso.

Por mucho que tratemos de ignorar los sentimientos de otras personas, Injusticia es siempre real, aunque esté disfrazada con diferentes vestimentas (comparaciones que las personas hacen de ella) o con apodos y prejuicios. Pero detrás de esa infamia siempre se ocultará una hermosa persona que tiene los mismos derechos de soñar y ser apreciada que todo ser humano y está llena de sueños, ilusiones y grandes deseos de vivir esta vida al máximo, como todos los demás.

Esto fue lo que aprendí de Injusticia; nunca supe los verdaderos motivos de su abandono y de renunciar a esta vida, pero sí comprendí que todos tenemos los mismos derechos de ser aceptados.

No puedo negar que en frecuentes ocasiones me he hecho muchas preguntas y a veces no he logrado encontrar consuelo, pero en memoria de ese ser amado que ya no tenemos entre nosotros y que muchas veces nos preguntamos cómo pudo ser la vida tan injusta para habérnoslo arrebatado tan anticipadamente, solo pienso que *el acto de injusticia siempre va tener lugar cuando pensamos que no necesitamos de los demás. Injusticia siempre tomará control sobre nosotros cuando comenzamos a hacer comparaciones o al nosotros llegar a compararnos con los demás. Toda injusticia es originada por esa falta de amor incondicional en las personas y en nosotros mismos.*

Propósito

Enlace: Aunque parezca algo extraño, cada vez que yo pensaba acerca de Injusticia, su memoria también me llevaba a recordar Propósito. Y no es que estas dos vidas estén ligadas para todos los demás; mi caso era muy especial.

Recordar a mi hermano era recordar a mi padre; hacer memoria de mi padre era hacer memoria de mis hermanos.

Fue una tarde en que me encontraba sentado en mi silla reclinable, tomando café y leyendo cuatro libros a la vez; cada libro tenía su propio separador de páginas. Recuerdo que esa motivación de leer tanto libro a la vez la tuve en el momento en que estaba comenzando a escribir mi libro *Pasión*.

Yo tenía la costumbre de estudiar varios libros a la vez porque cada vez que me atoraba en algún concepto nuevo y no lograba pasar de esa página, para mí era más fácil soltarlo y leer algo diferente, hasta que yo sintiera nuevamente que el tema podía volver a ser abordado, con una mente más fresca para asimilar la dificultad de ese problema (horas más tarde, o quizás hasta días más tarde).

Pero esa misma tarde, cuando mi lectura estaba siendo bastante intensa, vinieron a mi mente recuerdos de mi padre, un padre que siempre amó la lectura; un padre cuyo recuerdo me traería el de mis otros dos hermanos que ya había perdido; un padre que me recordaba todas esas veces en las que nos olvidamos del corazón de las personas y de sus sentimientos cuando tratamos de imponer nuestra propia voluntad, por muy buenas intenciones que esta tenga, por pensar que les estamos haciendo un bien al forzar buenos propósitos en sus vidas a través de disciplinas, métodos fríos, con insensibilidad hacia la edad que tienen.

Pero no estoy juzgando a mi padre; regularmente esto suele pasar más con los padres de familia que con las madres y más cuando estos padres han tenido un carácter muy fuerte.

Como ya había pensado antes, ningún padre ha nacido con el manual para educar a sus hijos en sus manos. Pero a mi pequeña edad, al no saber cómo asimilar las disciplinas de mi padre, yo solo me preguntaba: ¿Acaso el propósito en nuestras vidas es más importante que el amor y la aceptación? Y aunque pensáramos que ya no es así porque los tiempos han cambiado mucho y antes esa era la prioridad de nuestros padres, formar en sus hijos un sentido de responsabilidad y compromiso, yo solo deseaba compartir con un padre al que me costaba mucho conocer más personalmente por su disciplina tan estricta hacia nosotros. ¡En él, yo solo veía propósito!

¿Quién es Propósito?

Desgraciadamente, yo no comprendí muchas cosas hasta después de la muerte de mi padre. Y aunque sea imposible de creer, mientras estuvo vivo, yo pasé toda mi vida huyendo de mi padre. Es porque a su lado yo me la pasaba tratando de ganarme la aceptación, sin tener que ser comparado con los demás. Aparte, él siempre fue una persona muy reservada; nunca supe si estaba enojado o si simplemente no tenía deseos de hablar. Como he mencionado tantas veces, no lo juzgo y nunca lo juzgué, ya que nuestros padres nunca recibieron un manual para reparar el monstruo que todos llevamos dentro.

Pero mientras él trataba de reconstruir sus principios en mi vida, yo me sentía cada vez más miserable ante él, porque había otros hijos que eran mucho más perfectos, menos irreprochables y ya unos ejemplares a los que yo debía imitar. Esta es la misma tendencia que tenemos todos los padres cuando existen hermanos mayores y hermanos menores. Y a mí, por suerte de la vida, me había tocado nacer en medio de todo el equipo.

Así escuchaba, por un lado, que mis hermanos mayores eran el ejemplo a seguir y, por otro lado, que mis hermanos menores eran apenas unos bebés y había que comprenderlos. Entonces, no podía ni recibir algún reconocimiento propio que me hubiera hecho sentir que yo había logrado algo solo, ni tampoco ningún permiso o libertad para equivocarme, porque yo ya no era un niño.

Hablar con mi padre era siempre una tarea muy complicada; sentía que él y yo nunca nos íbamos a entender: yo sentía que él vivía en la luna y yo, en el infierno.

Pero lo que él se proponía fue siempre ser ejemplo y, ya sea como bueno o mal ejemplo, él siempre supo salirse con la suya. Y lo he dicho riéndome, ahora que me acuerdo de su maldito carácter.

Propósito fue un hombre muy determinante y seguro de sí mismo, que en ocasiones se volvió muy demandante y muy frío, pero nunca vacilaba en sus decisiones y sabía muy bien lo que desea y lo que demandaba de la gente. ¿Dije demandar? Así es, él fue muy demandante. Tenía la apariencia de ser siempre muy reservado, y no hago afirmación alguna acerca de si lo era o no, porque no fue con nosotros con quien él se abrió más. Casi quisiera apostar que él fue muy diferente con mis tres hermanos mayores que con los demás; entonces tal vez fue demasiado reservado con nosotros, pero no con los otros tres.

De vez en cuando lo veíamos fumar un tabaco dentro de unos papelitos que él mismo tenía que enrollar. Esto era lo que hacía la gente antes, pero ya los tiempos han cambiado, ahora hasta el cigarrillo es electrónico. La mayoría del tiempo se lo pasaba leyendo o haciendo alguna clase de ejercicio mental. Esas eran sus disciplinas regulares, para mantener una mente y un cuerpo sano.

Aunque siempre fue un hombre de pocas palabras, él siempre le encontraba "propósito" a la vida. Así era su forma de ver las cosas: para él no existían los accidentes o las casualidades, él nos decía que cada uno era su propio agente para crearse su destino.

Propósito fue una persona muy trabajadora, al punto de olvidarse de él mismo en ocasiones, para conseguir sus metas. Fue muy organizado en sus planes y, aunque nunca estuvo en el servicio militar, su estilo de vida se puede comparar a las disciplinas de un monasterio, de un deporte o a ese mismo servicio militar del que yo formé parte.

Propósito siempre supo expresar quién era él; por lo tanto, sin lugar a dudas, tuvo una conciencia muy alta de cómo creer en él mismo y que todos creyeran en él, sin vacilación o duda de por medio. Aunque, por su mismo orgullo de saber quién era y todo lo que podía lograr, nunca pudo reconocer públicamente sus debilidades, solamente sus capacidades. No le gustaba hablar de debilidades, él nos hacía pensar que todo estaba en la mente. Él era una persona llena de certeza en lo que creía firmemente, haciendo siempre una distancia con las malas relaciones que debían de ser evitadas.

Aun en él mismo, trató siempre de mantener una cabeza y un corazón frío, poniendo siempre los pies sobre la tierra para que sus planes no fueran destruidos por sus propias emociones o por su propia falta de conocimientos. Nunca vi que fuera una persona negativa, en cuanto a los planes que él se formaba, por eso era difícil para él darse por vencido en cada empeño. Era un hombre algo delgado, que ofrecía muy poca resistencia a las disposiciones que se le presentaban, pero no dejaba de ser un hombre de pocos miedos. Nunca se arrepintió de su pasado, por muy negro que este hubiera sido; simplemente nunca le gustó vivir en el pasado y supo ser siempre agradecido por todas las oportunidades que la vida le dio para aprender.

Con todas estas cualidades, cualquier persona pensaría que en él no existió miseria alguna. Quiero decir que él nunca supo lo que era ser un miserable y tal vez así fue, pero por su propia actitud y su despotismo hizo sentir miserables a muchas personas.

¿Y por qué esta tragedia fue una lección muy grande en mi vida? Esto se volvió una tragedia porque en los últimos meses de su existencia, la vida se había volteado completamente para él, dando un giro de 180 grados. Fue en ese giro que duró muy poco tiempo cuando logré disfrutarlo como un verdadero padre. Las cartas se habían invertido: lo que él hizo sentir a la gente ahora él lo estaba sintiendo también (ya sea intencionalmente o sin intención alguna).

Es por eso que las intenciones, en estas mis memorias, de que todos hagamos conciencia de lo miserables que hemos sido, ya sea con los demás o con nosotros mismos, no son en vano. La vida hay que saber disfrutarla ahora que aún podemos tenerla en nuestras manos; no dejemos para mañana lo que no es una garantía que pueda seguir siendo.

A veces deseo haber tenido más oportunidades de platicar con él, en una forma más transparente, para poder darle las gracias por lo que él trató de enseñarme y decirle que *el propósito en sí no es malo, pero su intención puede ser aun de mayor beneficio si vamos más allá de nuestras propias intenciones, con una mejor esperanza, sin miedo de entregarnos para entrar a ese territorio desconocido y de quitarnos toda aprensión que nos esté impidiendo entender a los demás. El mejor propósito en nuestras vidas es encarar nuestros enemigos internos, en lugar de quejarnos de ellos o de los demás para no llegar a rechazar la experiencia que viene con todo. El propósito más noble es motivar a las personas con amor para que continúen moviéndose y que nunca dejen de caminar; el camino se encargará de mostrar lo que cada persona tenga que aprender.*

Desorden

Enlace: Aunque he estado recordando las tragedias en mi vida, en estas ocasiones la necesidad de estar con Soledad no ha sido tan marcada, porque ya había aprendido a ver las tragedias como una lección positiva para mi propia vida.

Pero también creo que, si yo hubiera tenido algo pendiente que esclarecer entre estos seres amados y yo, entonces Soledad no se retrasaría en hacerse presente y ayudarme a mitigar esos asuntos que no había podido resolver con ellos.

También con gran lástima y dolor pienso en aquellas personas que no pudieron arreglar cuentas pendientes antes de morir o antes de perder a un ser amado, porque el tiempo les hizo pensar que aún tendrían oportunidad de hacerlo.

Yo solo sé que el tiempo es el mejor ladrón que he conocido: cuando menos se lo espera uno, las cosas ya no están a su favor y cuando pensamos que el tiempo nos puede esperar es cuando a él se le ocurre avanzar más rápidamente.

Como había ya mencionado, para mí recordar a un hermano es hacer memoria de mi padre y pensar en mi padre es recordar a mi otro hermano.

Pero recordar a mi hermano mayor no era cosa fácil; yo solamente podía armar ese rompecabezas de cómo era mi hermano a través de las acciones que supe por escuchar a los demás. Para mí, las acciones son el reflejo de la condición en la que se encuentra nuestra vida interior.

Y yo sentía que ordenar un rompecabezas de cómo era la persona por dentro era un trabajo fascinante que iba requerir de mi parte mucho pensar, mucha investigación, así como leer libros acerca de comportamientos, actitudes y temperamentos.

Después de haber escuchado de varias personas cómo había sido mi hermano, lograba darme una idea más de sus buenas y sus malas cualidades. Según los expertos, una vida desordenada es uno de los atributos de una mente inteligente. Fuera esta idea verdadera o falsa, yo nunca hubiera podido vivir en tal desorden; para mí siempre era necesario que existieran ciertas normas y conductas para garantizar la tranquilidad y la paz en el medio ambiente, y esta forma de pensar fue producto de todos mis años en el servicio militar y como agente federal. Por eso, pensar que existían personas cercanas a mi vida que vivían en cierto desorden fue también un desafío para mi mente.

¿Quién es Desorden?

Desgraciadamente, llegué a conocer muy poco de él. Y el hecho de que la vida no me haya dado la oportunidad de conocerlo más a fondo fue otra de mis tragedias. Desorden fue un hombre que creció en la época de caos; el abandono de sus padres provocó que él tuviera muy poco sentido de responsabilidad y en su propia soltería nunca tuvo la necesidad de darle explicación a nadie más. De las pocas cosas que aprendí acerca de su vida a través de las pláticas con otras personas que me hablaron de él, llegué a comprender que Desorden llevó una vida muy irresponsable durante diferentes épocas de su vida, al mostrar abandono o despreocupación en diferentes formas: a través de sus hijos, a través de sus prioridades y en su misma capacidad de influir en las vidas de sus seres queridos (familia, amistades y compañeros de trabajo).

Pero, aunque fuera difícil creerlo por sus propias actitudes desordenadas, Desorden fue un hombre muy inteligente al que continuamente le gustaba enfrentarse al desafío para no caer en la rutina y el aburrimiento. De lo contrario, su abandono en mantener cierta organización se volvía una mala costumbre o algo muy monótono. Siendo un hombre práctico, buscó siempre la manera de hacer todo con el menor esfuerzo que le fuera posible, actitud que lo llevó al extremo de despreocuparse por el tiempo, las prioridades y cualquier demanda que no fuera necesaria. Por lo tanto, su propia familia llegó a entender que demandar algo de él era en cierta forma una pérdida de tiempo, pero para él tales actitudes eran justificadas porque así él no tendría que cambiar su forma desordenada de ser, simplemente para satisfacer a los demás.

La desorganización en su vida se vio en todos los aspectos, en su forma de alimentarse, de dormir, de formar a sus hijos y hasta de sostener relaciones. Él fue de esas personas que, si no le apetecía hacer algo, simplemente no lo hacía. Nunca fue un perfeccionista y tampoco vio la necesidad de tener control en las cosas o en las relaciones. Aunque en varias ocasiones su carácter sí fue compulsivo y estuvo obsesionado por ciertos objetos de colección.

No obstante, la ironía es que él fue una persona tanto ortodoxa como heterodoxa, a la misma vez; en ocasiones, él se encontraba muy conforme con cómo la vida le presentaba pocas oportunidades para desafiarse a sí mismo: no obstante, en otras ocasiones, también se presentaba molesto y rebelde, al no poder conseguir las metas que se había hecho desde joven. Es como si yo dijera que, por esas cualidades de ser ortodoxa y heterodoxa a la vez, su vida privada fue un desorden, pero en su vida laboral él lograba organizar a multitudes de gente y ganarse el respeto de todos.

Por su propio carácter fuerte, le fue difícil modificar su forma de pensar, cosa que lo llevó a la separación familiar. Nunca logró mantener una relación, pero eso no fue por falta de valor o amor hacia las cosas o a las personas que amaba, sino porque simplemente él nunca se tomó el tiempo para dar la importancia necesaria a sus propias prioridades, ya que todo giraba a su alrededor en un completo caos.

Aunque su mente se mantuvo siempre llena de imaginación y de creatividad, le costaba aceptar cuando estaba equivocado. Desorden fue una persona con amor a la aventura que supo cómo adaptarse a todos los cambios, por muy inoportunos que estos fueran.

El no haberlo conocido más personalmente fue una de mis más grandes tristezas y, aunque traté de conocer más a través de aquellas personas que compartieron con él, la influencia negativa que él tuvo para con estas personas no ayudó tampoco, ya que tampoco en ellos había un compromiso o una disposición de mantener buenas relaciones. Nunca logré entender por qué Desorden vivió una vida tan desorganizada; era normal que pasaran por mi mente muchas razones al tratar de entenderlo, ya que mi mente siempre ha sido así de analítica.

Desorden fue un hombre de gran corazón que se daba a la gente con toda libertad y sin prejuicios, pero tenía un temperamento incontrolable y nunca sintió la responsabilidad y la necesidad de darle cuentas a nadie o hacerse responsable con los demás.

Pensar que nuestra propia vida la vamos a vivir como se nos antoje es tener una perspectiva muy miserable de lo poco que se puede lograr siendo así. Una persona que piensa en esta forma está pensando muy miserablemente porque no está tomando en cuenta las leyes de causa y efecto o las ramificaciones que su conducta puede traer a las siguientes generaciones. ¿Cuántas personas desean ser libres y expresar esa libertad a toda costa? Pero esa libertad nunca va lejos de la responsabilidad; al separar ambas cualidades, lo único que estamos creando para con los demás es una inferioridad y una desventaja de nuestros propios actos.

Esta tercera tragedia me dejó vacío y me hizo sentir muy miserable, por no haber tenido esa oportunidad que otras personas sí tuvieron. Aunque yo sentía que entre Desorden y yo nunca hubo nada pendiente que arreglar, a veces su memoria me ha hecho buscar a Soledad para calmar mi inquietud y mi curiosidad, ya que siempre he querido saber más de él.

A veces, por mi misma ignorancia, no logro entender si Desorden alguna vez pudo entender su propia condición o si solamente buscaba formas de entumecer o adormecer ese dolor que llevaba dentro y es que *reconocer la existencia* de un caos y aceptarlo como energía es entender el problema con sabiduría. Depende de nuestra percepción si deseamos considerar nuestra situación como un cielo o como un infierno. Pero todo es energía, aun el mismo desorden, y esa energía puede acabar por destruirnos o por fortalecernos.

Desenlace del capítulo IV: Las tragedias

El día que comencé a escribir estas memorias, yo sabía que cuando llegara a hablar de las tragedias en mi vida no iba a ser algo fácil. Y no lo estoy diciendo porque me cueste recordar ciertos eventos y experiencias, es simplemente porque varias personas van a sentirse ofendidas al no compartir yo los mismos sentimientos de ellas y pueden juzgarme mal por pensar diferente. Las tragedias son diferentes para cada persona: en una familia, todos puedan pasar por la misma tragedia, pero no todos van a compartir esa experiencia desde un punto de vista igual.

Aunque me considero bendecido por no haber tenido muchas tragedias en mi vida, reconozco que aún pueden faltarme más tragedias por pasar. Esta vida es tan frágil que no tenemos el lujo de decir de cierta persona "yo no beberé su agua" o "de tal tipo yo no necesitaré nada", o que no tengo necesidad de arreglar cuentas con nadie. Pensamientos así solamente nos llevan a un estado más miserable y deplorable.

Lastimosamente, existen personas así de miserables que, aun habiendo pasado por sus propias tragedias, siguen con el orgullo, el resentimiento y sus vanidades, pensando que el mundo les debe algo y que por eso no tienen la obligación o el compromiso de ser personas más nobles y más generosas con los demás. Pero regresamos al mismo punto con que comenzamos estas memorias: a veces la gente más miserable es la que no desea reconocer su propia realidad. Las tragedias de nuestras vidas tanto pueden hacernos seres más compasivos y generosos con los demás como pueden endurecernos más el corazón, al grado de volvernos más despreciables y desdichados.

Las tres fueron tragedias que no me permitieron disfrutar de estos tres seres amados: la primera, por una injusticia de la vida; la segunda, porque el propósito fue más grande que el amor, y la tercera, porque la confusión y el desorden solamente hicieron que la vida se tomara como un hecho o una garantía de que siempre todo iba estar bien.

Capítulo V

LA MADUREZ

Criterio

Enlace: Yo vengo de una familia muy hermosa, una tribu que amó mucho, desde el más pequeño hasta el más anciano, desde el familiar más cercano hasta el más lejano. Mi problema nunca fue amar a alguien, amar a una tía callada, amar a una tía rencorosa, amar a una sobrina caprichosa, amar a un sobrino resentido, amar a una abuela olvidadiza; yo sentía que amaba a todos de una forma muy especial.

Desafortunadamente, todos siempre trataban de comprimir mi mente conforme a sus ideas. Comentarios como: "Es que tú debes amarme más a mí porque yo soy tu hermana y ella es prima más lejana" solamente me hacían reír. Y como yo nunca dejaba de ser una persona muy ocurrente y sarcástica, eso me hacía pensar: ¿entonces debo amarte por el título que tienes y no por quién eres?

Yo siempre había causado mucha inconformidad y desacuerdo por mi forma de pensar, pero constantemente esa forma de decir las cosas y de pensar era para llegar a la profundidad de sus propios corazones. Creo que, si les hubiera dado un pedacito de mi mente a aquellas personas que se imaginaron que yo tenía algo en contra de ellas, me hubieran regresado ese pedacito de mente inmediatamente al no saber qué hacer con tanto alambre de alto voltaje.

A veces me he encontrado yo solo, como si fuera un psiquiatra, platicando conmigo mismo acerca de algún familiar específicamente. Y me veo como un psiquiatra porque lo que hago en ese momento es analizar a la persona (así es, ya no tengo remedio, lo pienso riéndome sarcásticamente; Soledad ha sido la única que ha podido soportar mis locuras).

En esta ocasión, yo estaba analizando a otro hermano muy querido, que no era Desorden, sino alguien más, Criterio. Deseaba analizar todo este panorama porque se había convertido en una frustración durante mis años de juventud.

Esta había sido una de mis frustraciones más grandes en esta vida, porque Propósito siempre quiso formar en mí su manera de analizar las cosas, y para eso utilizó mucho a Criterio como ejemplo. Aunque Propósito no se estaba dando cuenta, lo único que logró fue que yo constantemente me comparara con su muy hermoso y distinguido Criterio y, para sentir la aprobación de Propósito en mi vida, no me permití yo mismo formar mi propio discernimiento. ¿Acaso esta inclinación o tendencia no es tan común entre los padres y sus hijos? Por ejemplo, cuando los padres, inconscientemente, provocan que los hijos menores se comparen con sus hermanos mayores y usan palabras como "deberías aprender de tu hermano mayor".

¿O es que acaso el hijo mayor no pude aprender del hermano menor? Propósito y Criterio están muy relacionados con la historia que escribí acerca de Disciplina y Gracia. Tal vez hubiera sido mejor haber dejado estos dos nombres intactos, Disciplina y Gracia, en este capítulo de mis memorias. Pero Disciplina se pudo haber confundido con Propósito. En mi vida ambos fueron casi idénticos en muchas cosas, en sus gustos, en sus lecturas, en sus hábitos, en su forma de ser y en sus estúpidas comparaciones. Pero qué más podía yo esperar de Propósito y de Criterio, si entre ambos solo existió una contante vanagloria y engreimiento por ellos mismos.

¿Quién es Criterio?

Criterio siempre ha existido en mi vida; aunque ahora es un viejo tranquilo, ya con barba y canas en el pelo; aun con su edad, su cabellera no se le ha caído, ha podido mantener bastante pelo y su semblante húmedo lo ayuda a ocultar fácilmente su verdadera edad, ya que arrugas no tiene. Pero su carácter serio y muy apartado hace que parezca una persona negativa, que constantemente se la pasa criticando a los demás, sin desear reconocer sus propios defectos. Si fuera eso cierto, la verdad es que, a su edad, él ha aprendido mucho de la vida y su madurez, aparte de su discernimiento, la aprendió a través de la disciplina (su padre), a través de la lectura, el conocimiento, manteniendo siempre una mente muy amplia y abierta. Aunque a veces quisiera pensar que así es todo el tiempo, no puedo negar que, por sus propios logros espirituales o intelectuales, muchas veces se convierte en una persona muy déspota y soberbia. ¡Qué lástima que por logros así como estos se nos olvida ser niños nuevamente!

Él es un hombre con conocimiento, pero también lleva un demonio muy grande dentro, y es el de la comparación. Desde niño su papá le dio todo lo mejor: la mejor atención, el mejor tiempo, las mejores oportunidades; su papá nunca dejaba de compararlo con sus otros hermanos y hermanas, poniéndolo a él siempre en una mejor posición y en ventaja sobre los demás.

La esmerada aceptación que le dio su padre lo ayudó a no tener ninguna necesidad y disfrutar de una actitud saludable hacia la vida, y así, esa misma actitud lo ayudó a tomar siempre buenas decisiones. Ahora entiendo que la aceptación de nuestros padres puede lograr mucho en nosotros mismos, mientras que el no sentirnos aceptados puede destrozarnos para toda la vida.

La aceptación para Criterio ha significado mucho. Pero, qué ironía de la vida, creció con demasiada aceptación y ahora solo deseaba o exigía que siguieran aceptándolo tal y como él era. Si él se siente aceptado, sentirá el apoyo para fortalecer sus valores y emplear una menta más objetiva en todos sus asuntos, aunque esta percepción lo conduzca a equivocaciones o simples descuidos, pero no puedo negar que esa misma aceptación lo ayuda a apreciar tales faltas y hacer de esos errores parte de su aprendizaje para juzgar mejor las cosas en un futuro.

No me estoy comparando, pero sí es bueno observar que, cuando las personas no crecen con esa aceptación, ellas se ven forzadas a modificar sus valores. Los valores son diferentes y las decisiones o acciones que ellas tomen ya no dependerán de la aceptación de los demás, porque nunca la tuvieron. Esta dinámica es muy interesante, pero solamente nos damos cuenta de dónde viene nuestra necesidad de sentirnos aceptados cuando aprendemos a conocernos más profundamente.

Lo mejor que he aprendido de Criterio es que él es una persona muy responsable, conservadora, analítica y realista, y yo también he logrado tales cualidades por todo lo que la vida militar y otras experiencias me han enseñado. Entonces ambos hemos logrado tal madurez, saber formarnos un juicio y tomar buenas decisiones sobre cualquier problema. Pero cuando a Criterio le falta la aceptación y el reconocimiento de los demás, él se puede volver una persona más fría, con más facilidad de condenar las acciones de los demás e imponer normas u obstáculos que hacen que él se aísle o se encierre en sí mismo.

Sus conocimientos y años vividos hacen que él tenga un discernimiento bastante amplio para las cosas o los problemas cotidianos y para todo asunto familiar. Siempre es fácil ver cómo extraños buscan su compañía, pero cuando la aceptación no está presente y la comparación de sus cualidades se hace notar, entonces en ese momento es cuando su corazón se llena de arrogancia, de soberbia y de desprecio hacia aquellos que no desean aceptar su buen juicio. Él tiene la capacidad de debatir cualquier tema; sus estudios y la experiencia lo han llenado de suficientes conocimientos para ser una persona de gran cultura, pero en varias ocasiones le cuesta aceptar y no sabe cómo debatir con desigualdades de doctrinas o prácticas, o con ciertas disciplinas, y es porque para él existen muy pocas excepciones. Aunque no es de las personas que desean causar algún daño emocional a alguien, su frío carácter se puede volver antisocial y poco saludable, al punto de ser perjudicial para sus propias relaciones.

No niego que Criterio es indispensable en esta vida, pero me hubiera gustado mucho más haber tenido a Sabiduría como hermana y no a Criterio. No creo llegar a tener la oportunidad de platicar con Criterio; el tiempo y la distancia siempre han estado de por medio, pero si Soledad nos diera la oportunidad de juntarnos, yo únicamente le diría a Criterio: *Tú eres muy especial, no te discuto todo ese talento que tienes de saber pensar y juzgar bien, pero tu talento se vuelve un problema cuando tratas de evaluar todo con medidas de disciplina, obligación y determinación, de esta misma manera tratas de expulsar toda forma de demonios que exista en uno mismo o en los demás. Pocas veces has hecho todo con Gracia, cuando verdaderamente tu talento podría utilizar un poco más de compasión y aceptar los demonios para que las personas puedan liberarse más del sufrimiento, de la ira, de las preocupaciones, del miedo y de la infelicidad.*

Gracia

Enlace: No es ninguna coincidencia o accidente: siempre que tengamos una experiencia con Disciplina, Criterio o Propósito en nuestras vidas, Gracia se hará presente. Es como si ella pudiera escuchar nuestro cansancio o nuestra frustración con estos tres personajes. Aunque Criterio o Propósito no deseen tenerla cerca de ellos, ella siempre ha sabido sobrevivir a lado de estos tres.

Creo que nadie me creería si menciono el lugar donde yo conocí a Gracia de una forma muy íntima y profunda. Aunque parezca una controversia lo que estoy por decir, así fue. Ese lugar hubiera sido el lugar más absurdo para tener una intimidad con Gracia: en la iglesia.

¡No! No me estoy contradiciendo, acabo de decir que, para que Gracia se haga presente, estos tres estúpidos e imbéciles personajes tiene que estar primero allí, chingando el alma, para que Gracia nos pueda consolar mientras nos entregamos de corazón (o nos enamoramos de su presencia).

¿Entonces por qué pienso que la iglesia fue un lugar tan controversial para mí al decir que allí logré encontrar a Gracia? ¿Acaso la iglesia no debería de ser un lugar de reposo que nos ayuda a encontrar ese descanso que necesitamos? ¡Estúpidamente, en la mayoría de las iglesias se infunde más el trabajo que el descanso para ganarse recompensas en el cielo!

Recuerdo que todo comenzó cuando yo había aceptado una posición de trabajo en el extranjero

(México). Yo acababa de salir del servicio militar y mis habilidades para impartir pláticas o enseñanzas en los jóvenes era evidente. La falta de trabajo y el gran deseo de contribuir en algo noble influyeron mi decisión de irme fuera de los Estados Unidos, dejando casa propia y otras pequeñas comodidades.

Pero no pasó mucho tiempo sin que personas con autoridad comenzaran a establecer patrones muy rígidos sobre todo lo que mi tarea tenía que ser allí. Eran disciplinas y propósitos a los que no estaban obligados los demás. Fue tan grande la injusticia que sentí que nadie lograba entender la gracia que era necesaria para hacer mi trabajo; eso requería llegar a más extremos, extremos como no comer en ciertos días, no comer ciertas cosas, no hablar con ciertas personas o la obligación de no dejar de dar "el diezmo", no vestir en cierta forma, etc.

¿En serio? ¿Qué libertad existía en Dios, si lo único que escuchaba todos los días era una contante negación de mis derechos como hijo de Dios? Entonces fue cuando decidí desafiar las normas y la forma tan estúpida de pensar de la gente. Llegué a preguntarles a todas esas personas que me estaban juzgando por qué no hacían lo mismo con las otras personas nuevas que llegaban al templo. La respuesta más imbécil fue que era nuestro deber tener gracia para con las personas que aún no conocían el Evangelio.

¿Gracia? ¿Y cómo voy a tener gracia para con los demás, si gracia es lo que me están diciendo que yo no tenga para conmigo mismo? Nadie puede dar de lo que no tiene. Muchas personas que dicen conocerla no tienen ni la idea más remota de quién es o cómo es. Y eso es una miseria: decir que la conocemos cuando ni siquiera hemos compartido con ella más íntimamente. ¿Por qué creen que Disciplina, Propósito y Criterio tratan de evitarla? ¿No será que son completamente diferentes a ella?

¿Quién es Gracia?

Es una mujer muy hermosa. Muchas personas piensan que ella ha sido una mujer muy sufrida, pero esa es la referencia que hacen aquellos que no la conocen o están en contra de ella.

Sin lugar a dudas es una mujer que lleva muchas cicatrices en su corazón; son las luchas y los golpes que le han dado aquellas personas que han tratado de controlarla. Mas ella no muestra o nunca le ha gustado enseñar todas esas cicatrices, nunca se ha mostrado ante los demás como una víctima.

Ideas como ser una mártir o vivir en sacrificios únicamente han sido sobrenombres que ella no ha aceptado, pero aquellas son las cicatrices que la gente le ha causado por ignorancia o por despecho. En ella no existe obligación alguna, no ama por obligación ni hace las cosas por obligación alguna.

Ella está únicamente agradecida o "llena de gracia" y lo muestra en todo lo que hace. Ese agradecimiento que ella tiene de ser y vivir plenamente siempre se ha tomado como obligación porque las personas nunca han aprendido a vivir sin el temor de ser juzgadas o criticadas. Si tan solo supiéramos compartir al lado de Gracia, seríamos personas más libres, sin prejuicios, sin temores y sin reservas.

Ella es una mujer sin prejuicios, llena de libertades que muy pocas personas sabrían entender y que no le generan orgullo o vanidad, sino comprensión hacia los demás o hacia aquellas personas que necesitan cierta medida de misericordia sin ser juzgadas. Gracia, en su misma virtud y belleza interna, tiene esa capacidad de vivir al lado de cualquier persona sin tener que juzgarla, con tolerancia. Gracia es una mujer callada, reservada y algo difícil de entender; fácilmente pueden abusar de su gran corazón, sin que ella se dé cuenta.

También puede llegar al punto de la conformidad y la aceptación en todo, aun con los que están mal; tal vez es por eso que Disciplina y Propósito piensan que ella tiene un carácter muy débil. Pero no lo tiene, porque ella es la única persona que puede ponerlos en su lugar cuando ellos se van al extremo.

Gracia no se viste de lujos ni de vanidades, pero tampoco se envuelve con trapos pobres; ella sabe ir con la moda sin exigirse. Tratar de disimular apariencias no existe para ella, porque es una mujer transparente y con gran seguridad en sí misma; muchos desearían tener el mismo carácter que ella. Tal vez exista más inseguridad en el corazón de Disciplina y de Propósito cuando piensan con temor que deben actuar con esa determinación para no caer en caos, antes de que ese mismo temor exista en Gracia, que siempre ha sabido ser libre de todo temor o prejuicio.

Ella tiene un carácter noble y generoso que no anda en busca de argumentos, exhibicionismo o demostraciones públicas. Con un corazón muy incondicional sabe cómo ser una mujer muy atractiva y misteriosa. Por su misma naturaleza, ella es una mujer llena de serenidad, paciencia, resignación y misericordia, una mujer que entiende el sufrimiento de los demás y logra entender el dolor ajeno. Es una mujer de grandes virtudes, pero que, a su vez, sabe mantener todas esas virtudes en silencio, sin necesidad de buscar algún reconocimiento.

Gracia es una mujer que detesta el castigo, el favoritismo, la injusticia y los prejuicios porque ella está llena de un amor incondicional para todo mundo, sin excepción de personas, sin juzgar culturas, razas, creencias, niveles sociales o niveles intelectuales. La verdad es que sería muy difícil dar una descripción de esta mujer tan hermosa, porque muy pocos la conocen. Hablar de ella es como decir: "Oh sí, yo he oído de ella, pero aun no la he visto en persona". Conocerla en persona es ser transformados por su humilde apariencia, pero también es ser expuestos a nuestra frágil humanidad por la brillante luz que se desprende de su preciosa expresión.

Su radiante expresión tiene la capacidad de desnudar a cualquier persona, a tal punto de no desear vestirse con ropas viejas o con lo que ya traía puesto antes de conocerla, aunque esta misma ropa hubiera sido muy cara y muy fina. Sería como ver la aparición de una hermosa Virgen o llegar a contemplar un milagro; después de tan grande admiración (o fascinación), uno no desearía volver a ser la misma persona. Cualquier persona pensaría que, por la forma en que he hablado de Gracia, la conozco personalmente.

¡Sí! Así es, la conocí personalmente, pero si dejamos de hablar con ella y abandonamos su compañía, ella no pondrá ninguna resistencia y, antes de que nos demos cuenta, ella ya puede estar lejos de nosotros.

Y es porque ella misma, *Gracia*, se ha comprometido a *no causar daño a los demás ni a uno mismo. Gracia no es la ausencia de la disciplina, sino más bien es ese sentido de estar dispuestos a desprenderse, aun de lo más privado y secreto de nosotros mismos que nos llene de tendencias a aferrarnos a cualquier cosa, hasta que desaparezca totalmente. Ella es tan libre que para tenerla se requiere de mucha valentía, porque para tener gracia hay que valorar la vida, respetar a los demás, no hacerle daño a nadie, hablar con consideración, proteger nuestro cuerpo y nuestra mente, con el deseo de vivir en más plena libertad e independencia.*

Desenlace del capítulo V: La madurez

Si pudiéramos ligar Propósito y Criterio con esa misma Disciplina de la que hablé en uno de mis libros anteriores, lograríamos entender que tanto Disciplina como Gracia son indispensables en nuestras vidas y que deben coexistir en armonía dentro de nosotros mismos; así comenzaríamos a ver los brotes de una madurez en ellas. Pero no lo lograremos si pensamos en términos de equilibrio. Equilibrio es estar sostenidos en una cinta, tratando de maniobrar nuestro caminar con una vara, para no caernos al precipicio de la muerte.

Equilibrio es poner limitaciones y no dejar que Disciplina sea Disciplina, ni dejar que Gracia sea Gracia, por miedo al desequilibrio. Y qué estupidez más absurda. Es querer hacerme entender que Hiram no puede ser Hiram por miedo de ofender a los demás. Equilibrio es tratar de igualar las propiedades o cualidades de algo o de alguien; si estamos tratando de igualar algo, también estamos comparando. Las propiedades del ser humano nunca podrán ser igualadas.

La madurez la logramos cuando hemos llegado a ese espacio donde hemos dejado de batallar para tratar de imponer reglas, preceptos y medidas que nunca han sabido controlar o contrarrestar un mundo tan inestable. Es como decir que en esta etapa que nos está llevando a la madurez por fin estamos logrando captar la idea de que lo más seguro en este mundo es que nada es seguro. Entonces es cuando aprendemos a apreciar el momento, pero solo nos daríamos cuenta de que hay suficientes cosas para aprender en "el momento" o en el "ahora" si no tratáramos tanto de justificar o retener el pasado, o de descifrar las incertidumbres del futuro.

El pasado ya no existe, esa fue una verdad que vivió su tiempo. Si supimos entenderla, ¡qué padre!, pero si no, ya es demasiado tarde. El futuro aún no está aquí y cuando llegue su verdad será descubierta. Debemos aprender a vivir la verdad en el presente y esto solamente se logra si encontramos armonía en las cosas: en el propósito, en la gracia, en la libertad, en el amor, en la sencillez, en nuestro entendimiento, etc. Si verdaderamente hay alguna virtud y verdad en cada una de ellas, esa misma libertad, amor, sencillez, entendimiento, propósito, etc., nos seguirán dando la necesidad de seguir buscando más verdad y mejores virtudes. Toda verdad nos llevará a la transformación.

Una falsa madurez nos llenará de falsas soluciones, pensando que debemos encontrar un equilibrio en nuestras vidas, pero este nunca se logrará: por siglos el ser humano ha tratado de encontrar ese equilibrio. La solución está en nuestra propia madurez para ver las cosas; esa misma madurez nos lleva a conocer y disfrutar las cualidades que Armonía ofrece para nuestras vidas. Encontrar esa armonía es como haber logrado ser el mejor director de todo un concierto de sinfonía que pudo unir fuerzas o energías opuestas y que convergerán complementándose en una justa porción, para hacer posible una música muy especial a los oídos de todos.

Saber encontrar la armonía entre nosotros mismos, por muy diferentes que seamos, nos ayudará a alcanzar niveles de madurez más altos y un bien común para alcanzar la superación como seres humanos, en vez de seguir enfrentándonos con oposición, antagonismo y prejuicios que solamente nos han llevado a las peores crisis y a la destrucción de nosotros mismos. Hace falta más armonía entre nosotros y no necesitamos llegar a los últimos días de nuestra vida para apreciar lo que es vivir en armonía.

EL JUICIO

Armonía

Enlace: Cada vez que recuerdo los pleitos que tuve en mi infancia con mis hermanas, me muero de la risa. Son pleitos que en aquel entonces eran momentos muy desesperantes, pero que ahora se vuelven un dulce recuerdo.

Varias veces mis hermanas ya sabían cómo desesperarme y lo hacían con tal elegancia y cuidado que yo no sabía cómo defenderme. Me ponían apodos y me decían hasta lo que me podía llegar a pasar si no las obedecía. Todo esto se volvía aún más divertido cuando yo iba en busca de mi madre para quejarme de ellas. Porque cuando mi madre me pedía que le diera una buena explicación de los hechos, todo era un chiste.

—Mami, diles a las muchachas que no me hagan daño —corría hacia mi madre buscando su amparo.

—¿Y ahora qué te están haciendo estas niñas, Hiram? —preguntaba mi madre, preocupada.

—¡Me están diciendo cosas! —era mi mejor respuesta.

—¿Qué cosas? —mi madre trataba de entender el significado de "cosas".

—¡Pues cosas, mami! —esa misma frustración se había vuelto el chiste de todas las repetidas veces que ellas me querían hacer enojar.

Yo nunca supe lo que fueron "cosas", ni tampoco ellas.

Todas estas memorias han sido para mí herramientas que me han ayudado a llegar a la madurez.

Durante toda mi vida, he apreciado cada oportunidad con gran optimismo; las experiencias que he vivido a través de enseñanzas, romances, tragedias y enemistades son simplemente hermosos recuerdos (memorias) para apreciar esa gran gama de colores que la vida nos ofrece a todos. Como dije ya antes, hubo personajes en estas memorias que sí existieron (como las tres tragedias de mi vida que compartí). Pero también hubo personajes ficticios, pensados solamente para poder desgranar la forma tan diferente que todos podemos tener de apreciar nuestras propias vidas.

La madurez se podría lograr a temprana edad; no existe ningún manual o testamento que nos diga que deba de ser acogida recién en la vejez. Pero lo que sí llega al final de nuestros días es el juicio que a veces sentimos en nosotros mismos por no haber hecho lo que pudimos haber hecho cuando aún teníamos la energía y el tiempo para hacerlo, o hasta lo que no hicimos por la decisión propia de dejarlo al tiempo y al abandono.

El juicio puede ser el más cruel de nuestros tiempos, porque él no va respetar nuestras excusas ni nuestras circunstancias; únicamente nos va a hacer recordar la disposición de nuestro corazón y de allí hará tal sentencia o veredicto.

Quien mejor puede entender este litigio en nosotros mismos es Armonía. Armonía siempre ha estado allí, desde que uno nace. Armonía es la mejor persona para entender todas nuestras circunstancias y nuestras excusas. Armonía no es lo mismo que Equilibrio, aunque muchas personas confundan estos dos términos. Armonía da a la persona la oportunidad de ser completamente ella, sin reservas y sin prejuicios, mientras que Equilibrio solamente desea limitar los extremos para que no se desate un caos. Armonía tiene el deseo de que las personas encuentren todas sus propiedades, su sustancia y sus defectos, para que puedan crecer. Equilibro nunca ha estado interesado en que las personas crezcan; simplemente desea evitar los extremos.

Qué beneficioso sería para todos que antes de llegar a esa etapa del juicio, en el que nosotros mismos seremos los más crueles jurados de lo que hicimos o no hicimos y de las relaciones que tuvimos, nos tomáramos el tiempo para platicar con Armonía y encontrar paz en sus consejos.

¿Quién es Armonía?

Nadie le puede quitar este papel a ella; pueden venir otras personas y decir que ellas son o fueron como una segunda madre para nosotros. Pero entendernos y soportar nuestras estupideces, solamente una madre o una abuela sabe cómo lograrlo. Las demás personas que intenten hacerlo únicamente tratarán de poner equilibrio en nuestras vidas. Pero una madre puede ir más allá y ver en sus hijos lo que otras personas no pueden.

Creo que este es otro de los pocos personajes que estoy revelando abiertamente durante todas mis memorias, y es porque la tarea de una madre o una abuela y nuestro compromiso para con ellas es muy especial en la vida de todos nosotros. No podemos pensar que la vida puede seguir igual si existe rencor, resentimiento o dudas no aclaradas para con nuestras madres. La paz que debemos tener en nosotros mismos depende de esa paz que podemos sentir con esa madre que nos dio la vida, y allí está la clave de nuestra propia armonía.

Armonía es una mujer que constantemente lucha por la unidad y la reconciliación en su familia, aun yéndose al extremo; ella solo busca que todos sus seres amados vivan en paz, aun sin negar que los extremos pueden llevarlos a consecuencias muy impresionantes. Pero si ella no les diera la oportunidad de irse a los extremos, eso sería negarles las lecciones que la vida les tiene preparadas. No es tarea fácil para ninguna madre; esa disposición se paga a gran precio, muchas veces con lágrimas, orando rodillas y esperando que ninguno de los hijos se pierda.

Es que desde el día en que ella dio a luz, su impresión sobre la vida cambió completamente. Una madre no ama con sacrificio, lo que hace por sus hijos no es con sacrificio; si fuera así, sería un amor por compromiso y un amor obligado. El amor de una madre o de una abuela es incondicional, es por eso que nadie más puede tomar ese papel, tratando de imitar ese amor.

¿Por qué Armonía es muy especial en la vida de todos nosotros?

Armonía comprende nuestras debilidades y nuestras equivocaciones, sin necesidad de hacernos sentir víctimas o fracasados, porque ella misma vivió sus experiencias y sus propios conflictos y errores, y como la gente siempre le impuso condiciones y barreras que hicieron que otros pudieran beneficiarse o aprovecharse, no querrá el mismo trato para con sus hijos.

Armonía siempre ha sido una hermosa mujer y esa belleza exterior que siempre mantiene es simplemente el reflejo de un espíritu lleno de virtudes. Su esplendor la ha ayudado a dejar huellas en cualquier lugar a donde va; esa belleza y encanto de mujer que tiene dan la impresión de que ella siempre ha sido muy bendecida y que, aunque ella puede limitarse a sí misma en sus deseos o necesidades para bendecir a los demás, no siempre fue así.

La idea de que ella haya sido bendecida durante toda su vida está muy lejos de la realidad. Ella también sufrió necesidades; sus batallas fueron aún más grandes de lo que podemos imaginarnos y esas aflicciones del alma o esas oscuras horas de la medianoche nunca fueron pequeños eventos. Gran parte de estas experiencias estuvieron marcadas con desprecio, angustia y dolor por aquellas personas que falsamente le prometieron amor y consuelo. Ella lleva profundas cicatrices escondidas entre sus vestiduras, pero aun así continuará buscando la paz y el bienestar de su descendencia.

Armonía siempre ha sido una mujer serena, equilibrada, madura y con gran dominio propio, buscando la manera de resaltar los valores de las personas que ella ama para ayudarlos a proyectarse como grandes seres humanos.

Armonía siempre se hará el espacio y el tiempo para escuchar a los demás.

La realidad de su talento y su belleza están muy presentes cuando logra atraer y mantener paz en los corazones de los demás, porque ella sabe cómo hacer sentir una seguridad en todo. Ella entiende muy bien que todas las personas son seres muy diferentes y que ninguna persona es igual a otra. Todo ser humano es especial ante sus ojos y, por esa misma cualidad, ella puede armar un concierto de bellos matices, diferentes gamas y sonidos, con colores muy diversos entre ellos mismos.

Por su buen gusto, ella logra que todos encuentren una conciliación en sus formas tan diferentes de ser, sin perder su individualidad, aunque en concurridas ocasiones ella también sugiera que la persona trate de olvidarse de sí misma para lograr esa paz entre todos. Eso se vuelve una arbitrariedad para la individualidad de cada persona, pero ella sabe cómo lograr tal meta sin que la persona se sienta herida.

Armonía sabe encontrar el lado hermoso de las cosas y cómo hacer todo con una afinación perfecta, manteniendo esa paz y esa solidaridad en los cambios bruscos que nos da la vida. A ella nunca le es difícil producir paz, seguridad y confianza en las personas, porque el amor que tiene para los demás es incondicional e inmenso.

Ella nunca impone el uso de reglas o formalidades, simplemente sabe motivar a las personas para que se acepten sin prejuicios y con equilibrio, sabiendo que a todos aún nos falta mucho por aprender, para llegar a ser mejores seres humanos.

Aunque ella sabe cómo vivir sola, también disfruta viviendo acompañada. Su armonía personal se transmite a los demás, no por lo que hace o dice, sino por la sinergia que ella logra mantener con tanta diversidad de caracteres a su alrededor.

Ella nunca deja de ser ella, pero tampoco impone a los demás ser como ella o pensar como ella. Ella sabe cómo infundir un respeto hacia los demás, aun en su forma tan diferente de vestirse, de conducirse o de hablar, y ese será siempre el legado más grande que ella nos habrá dejado.

Uno de los beneficios más grandes que uno puede lograr al platicar con ella es hacer conciencia de que en toda decisión que uno toma en esta vida uno también tiene que hacerse responsable por las consecuencias. Platicar con Armonía es estar hablando con sabiduría, pero con una gran nobleza en su corazón.

Es por eso que, si aún tienes una madre o una abuela, siempre bendícela, y si ya las has perdido, pero aún tienes una mujer que es madre (una esposa), también bendícela; y si ya no tienes a ninguna, pero tienes a una anciana, bendícela como simbolismo que puede representar estar bendiciendo a tu propia madre. Porque cuando la vida nos quita esa oportunidad de bendecir a nuestras ancianas, por no haber aprovechado tales oportunidades, después eso nos puede hacer sentir los seres más miserables.

Una lección que aprendí muy bien de Armonía fue que *solamente se logra la armonía cuando dejamos de querer que la vida sea a nuestra medida, cuando dejamos de desear que las cosas solo funcionen a nuestro beneficio y cuando sinceramente nos llega importar lo que les pase a los demás.*

Armonía es saber respirar una situación dolorosa y aceptarla lo más posible para después exhalar generosidad, alivio y tranquilidad. Armonía es encontrar el lado bueno y darles su propio espacio a las cosas en esta vida. Armonía no significa intentar dejar lo malo para quedarse con lo bueno, es simplemente saber aceptar un mundo lleno de contradicciones.

Desenlace del capítulo VI: El juicio

Hoy en día, lo que más se está escapando de nuestras manos es poder abrazar esa armonía que todo necesitamos en un mundo lleno de contrariedades, de fanatismo hacia los extremos, por la misma incertidumbre que se está generando en un mundo tan inestable. Es por eso que estamos viendo ahora con mayor frecuencia aplicaciones para lograr serenidad dentro de nosotros mismos, encontrar tiempo para meditar y reflexionar o escaparse por un tiempo de todos nuestros problemas diarios para poder encontrarnos nosotros mismos nuevamente.

Encontrar esa paz interior no es otra cosa más que tener armonía y una buena salud emocional. Después de haber descubierto que existen muchas razones por las que cualquier persona podría sentirse un ser miserable, fueran estas justamente o injustamente atribuidas, conseguir esa armonía en uno no es cosa fácil, porque para lograrla se necesita dejar ir lo que no nos está siendo útil y saber aceptar todas nuestras emociones.

Pero para todo esto el paso más importante que debemos dar es comenzar a ser más honestos con nosotros mismos y no endulzar nuestras respuestas simplemente por tener miedo de despertar ese monstruo que llevamos dentro. Hay que ser un poquito crueles con nosotros mismos, para poder establecer límites más sanos en nosotros mismos. O sea, que no nos llenemos de demasiadas exigencias y obligaciones para hacer nuestra vida un poco más sencilla.

Es necesario entender que no siempre será posible suprimir nuestras emociones y nuestros pensamientos, pero que podemos darles seguimiento sin necesidad de obedecerlos. Es como reconocer que todo es energía, aun nuestros pensamientos, pero que no tenemos que ser absorbidos por ellos. Como el interruptor de la luz: sabemos que existe la luz en nuestro cuarto, pero si no es necesario usarla, ¿para qué desperdiciar su energía?

Tal vez cuando aprendamos a usar más ese mismo interruptor de luz (o de corriente) también lograremos no hacer montañas con granitos de arena. Ese interruptor es tan necesario y muchas personas piensan que no lo tienen; tal vez ese interruptor nunca ha estado en el lugar donde siempre lo has estado buscando porque tu cuarto ha estado muy oscuro, pero que todos tenemos un interruptor, todos lo tenemos. Ese mismo interruptor puede ayudarnos a no tener que irnos a gran velocidad cuando realmente podríamos apreciar más el momento si nos vamos más calmadamente y apreciamos el momento presente.

Sinceramente creo que una vez que logremos controlar todo ese cuarto usando el interruptor, podremos ordenar con más facilidad nuestro mundo, no tenerlo tan desordenado y eliminar o tirar la basura, es decir, todo lo que no nos está haciendo falta seguir guardando.

¿Y de qué cuarto he estado hablando? ¡De cualquier cuarto! Algunas personas guardan sus cosas en el corazón y otras en su mente. El trabajo de esta limpieza es saber aceptar y dejar ir. Lo que pasó, pasó. Acéptalo y deja que se vaya. Da igual de quién fue la culpa o qué podría haber pasado en otras circunstancias: nunca hay que permitir que los pensamientos negativos y los recuerdos desagradables tomen control sobre nosotros.

Y aunque muchas personas dicen haberlo logrado, sus actitudes actuales de resentimiento, odio, miedo, etc., pueden seguir diciendo más claramente todo lo contrario. Si es necesario resolver un problema para no seguir viviendo en él toda la vida, en necesario resolverlo ahora y no esperar que el tiempo se encargue de él. Afrontar el futuro libre de toda culpa y rencor es la forma más positiva de centrarnos en el presente y en las oportunidades que tenemos en nuestras manos. Debemos enfrentar nuestros problemas en una forma más objetiva, incluso si la solución no nos favorece y nos cuesta aceptarla.

De otra forma, Armonía será simplemente una ilusión o espejismo, por no entender que nos estamos muriendo de sed en un desierto donde nosotros solitos nos hemos abandonado.

Final:
La despedida

Miserable

Enlace: En frecuentes ocasiones me daba cuenta de que mis años ya se estaban acercando a su reposo final; cada día que pasaba, me daba más cuenta de lo frágil que ha sido vivir esta vida últimamente. Y no pensaba así por las decisiones que uno mismo llega a tomar, sino más bien porque cada día que pasaba sentía que el ser humano cada vez se iba perdiendo más en su propia arrogancia y egolatría.

La compasión, la bondad hacia los demás, la paciencia y el respeto mutuo eran algunas de las tantas cualidades que comenzaban a extinguirse, o por lo menos a verse como cosas de otro mundo o de años de la antigüedad.

Yo sabía que nadie me iba a negar que todos hemos aprendido en esta vida a través del sufrimiento, a través de las tragedias, de las desilusiones y los engaños que sufrimos durante nuestros romances, pero ahora la vida nos estaba ofreciendo un nuevo territorio para aprender. Este territorio era algo que antes no había sido considerado, y era la expresión de los extremos en su máxima glorificación.

La guerra estaba entre lo blanco y lo negro, la moralidad y la inmoralidad, lo corrupto y lo incorrupto, lo mejor del ser humano y lo peor del ser humano, el aprecio y el desprecio, la sensibilidad humana y la insensibilidad del ser humano. Ya no sería tan fácil distinguir la extremada pobreza, la infelicidad o lo abatido en el ser humano, ya que lamentablemente todos estaban corriendo hacia los extremos. Por eso mi pregunta regresaría al mismo lugar donde hace años yo había comenzado.

¿Quién es miserable?

Sentimientos como Temor, Resentimiento, Obsesión, Duda, Vanidad, Ego, Aflicción, Rebeldía, Lógica, Necesidad, etc., siempre formarán parte de nuestras vidas. Y caer preso o irse al extremo en alguno de ellos no dejaría de ser una oportunidad para sentirse abatido, desdichado o infeliz. Por eso, aunque el ambiente actual nos esté llevando a los extremos, no me cabe la menor duda de que ser miserable ya no puede ser una etiqueta nada más o un título exclusivo para ciertas personas.

Todas las personas pueden tener la oportunidad de padecer cierta dimensión de esa miseria, al no tener la abundancia de algo más real y verdadero en sus vidas. Es algo que los ayudará a vencer el temor, a ser más libres, a soltar esa méndiga y constante tradición o a aprender a vivir sin resentimientos, sin vanidades, sin orgullo, etcétera.

A lo mejor estoy alucinando una vez más, pero tal vez haber experimentado un mundo que se está yendo a los extremos sea el único camino para darnos cuenta de la condición tan miserable que hemos tratado de evitar.

Porque el miserable no tiene edad; pero tampoco es un niño porque creo que, a la edad de un niño, aún no se sabe lo que es ser miserable. Quizá por eso las Escrituras cristianas mencionan que entrar al cielo es más fácil para un niño que para un adulto. Ellos aún no conocen los prejuicios, el miedo o las comparaciones.

¿Y se puede dejar de ser niño? Así es, todos dejamos de ser niños; es más, las mismas Escrituras nos dicen que debemos dejar de ser niños y hacernos más responsables de nuestras propias decisiones. Pero hay una ironía muy grande en esta misma comparación. La energía de un niño se encuentra en su franqueza, en su libertad, en su pureza y en el hecho de que su corazón aún no está atado a nada o a nadie. Un niño no debería tener que elegir entre su padre o su madre, porque él aún no conoce de comparaciones; el adulto será siempre quien lo forzará a escoger un lado.

Pero también necesitamos de la energía de un adulto (una persona madura), ya que en ella se encuentra la determinación, la reflexión y el entendimiento. Es por eso que, si vemos estos dos extremos juntos, soñar como niño y actuar como adultos, no es nada difícil ser adultos y niños a la vez.

El problema en todas nuestras experiencias es que muy pocos hemos tomado el tiempo para reflexionar acerca de lo que verdaderamente es ser un miserable y lo frágil que se puede volver nuestra propia vida si no hemos aprendido de esas tragedias, desafíos y desilusiones personales, las cuales se convierten en luchas internas que lo despojan a uno de todo lo que parecía tener en sus manos. Es como forjar un metal en el fuego para formar algo más estable y sólido, ¿qué necesidad habría de meter ese metal al fuego tan seguido sin en él no hubiera tantas impurezas?

A eso me refiero al decir que somos muy frágiles. Porque al haber soportado tantas experiencias, se supone que la persona se haga más transparente y comprenda que la lucha no es contra de los demás sino más bien con uno mismo y con los monstruos que uno lleva dentro.

Pero a veces esas mismas luchas pueden convertir ese monstruo en algo más horrible de lo que antes era, si no se meditó sobre el problema debidamente. Entonces mi reflexión sería esta: ¿quién es más miserable? ¿La persona que aún no ha logrado callar (o matar) a su monstruo, o la persona que se siente completamente vulnerable por haber perdido toda su antigua personalidad?

Sentirse insignificante o sin importancia es sentirse miserable, ¿pero bajo qué lupa estaríamos viendo esta miseria si ahorita la misma corriente nos está llevando a los extremos?

A veces ese sentimiento de ser miserables después de cada experiencia negativa es necesario para avanzar hacia una condición más noble, a circunstancias más favorables; pero nunca podremos avanzar hacia algo más noble si no estamos dispuestos a aprender algo nuevo o cambiar una actitud vieja.

Es por eso que mi pregunta nunca encontrará paz, por no poder desgranar la idea de quién puede ser más miserable, si la persona que no desea cambiar o la persona que ha soltado todo para poder cambiar. Si yo hiciera conciencia de acuerdo con la manera en que el mundo ve las cosas, mi miserable condición se encuentra al despojarme de todo lo que he logrado con mi ego, pero si yo hiciera esa misma conciencia de acuerdo con mi espíritu, mi condición miserable dejaría de ser si yo me despojara de cualquier prejuicio, atadura, temor o área en mi vida que no me dejara crecer; solo así aprendería a vivir la vida y disfrutarla en toda su plenitud.

Me pregunto: ¿puede una persona lograr ambos extremos sin tener que renunciar a cada uno de ellos? ¡Claro que sí!

No necesitamos despojarnos de lo que hemos ya logrado, pero tampoco podemos seguir viviendo con prejuicios, ataduras, miedos, resentimientos y odio. Es como ser niño y adulto a la vez. Una persona tiene la obligación de actuar como adulto, pero también el derecho de soñar como niño.

Aunque la palabra "miserable" no deja de tener un sabor muy amargo, al haber llegado a la convicción de que siempre existirá ese vacío en mi vida, comprendí que para llenarlo se iba a necesitar algo mucho más grande que mis talentos, mucho más grande que mis logros y mucho más significativo que mi propia vida, que tan insignificante se volvía después de cada experiencia.

No puedo negar que esa carencia o vacío me motivó para no tenerles miedo al desafío, a las experiencias o a las desilusiones, porque yo sabía que andaba buscando algo más grande que mis miedos, algo más significativo que mis desilusiones y algo más permanente que mis necesidades.

Soledad ya sabía lo que yo andaba buscando; ella se acercó a mí, no por la necesidad que vio en mí, sino por la disposición de mi corazón. El tiempo durante el cual aprendí a escuchar a Soledad me ayudó a entender que a veces nos llenamos de tantos deberes, de tantas posesiones que cuidar o de tantas preocupaciones, que terminamos olvidando lo más sencillo: una voz en el silencio que puede guiarnos y aconsejarnos cuando más lo necesitamos. Soledad no hubiera entrado a mi vida si yo no hubiera tenido el tiempo y los oídos para escucharla. Soledad no pudo haber sido otra persona más que el mismo Espíritu de Dios, pero ese misterio lo dejo a la imaginación de todos los demás.

Aprender a conocerme a mí mismo me ayudó mucho a saber cómo lidiar con mis propios monstruos. Primero tuve que callar (vaciar) todas esas voces que existían dentro de mí, para darle espacio al silencio (vacío) y así ordenar mi vida. Dios formó la tierra a partir del vacío, y es la misma idea a la que me refiero; cuando nos vaciamos de todo es cuando podemos escuchar esa voz que necesitamos oír más, la voz del Espíritu.

En el silencio, cualquier miserable puede encontrar su pasión y puede llegar a ser más honesto y transparente. En el silencio, aprendemos a bendecir a los demás, no por los impulsos de nuestras emociones, sino más bien por lo que verdaderamente necesitan, sea algo material, una palabra de verdad o simplemente saber soltarlos.

Nunca olvidaré esas ocasiones en las que mi condición miserable se reveló más fuerte en mí, al darme cuenta de que entregarme a los demás con un amor inmenso y estar tratando de hacer felices a las personas era algo que yo nunca iba a poder saciar. Era como si yo hubiera tomado la responsabilidad de tratar de cambiar la desdicha de ciertas personas para que ellas fueran más felices, pero me costara comprender que tal trabajo no me correspondía a mí.

Todos podemos experimentar esa miserable condición del ser humano a través de muchas experiencias diferentes. Pero nunca me arrepentiré de tales experiencias, porque al final de cada experiencia comprendemos que solamente a través del contacto humano podremos aprender, crecer y ser mejores personas. ¡Es de la única forma en que podemos crecer!

Somos seres humanos muy complicados, pero es parte de haber sido creados con gran diversidad de talentos, cualidades, emociones y peculiaridades que nos hacen únicos e inimitables. Tal vez por saber esto desde muy pequeña edad, siempre me interesé por el corazón de las personas, y Soledad también lo sabía, por eso ella se tomó el compromiso de enseñarme más de lo que yo pensaba que iba aprender.

Por muy absurdo que esto parezca, gracias a Soledad yo nunca viví una vida negativa, pero sí fui muy inquieto al preguntarme muchas cosas desde pequeño. Desde pequeño yo me preguntaba por qué la gente sufre, por qué llora, por qué hay abusos, por qué hay mentiras, por qué hay envidias, etc. Son preguntas que yo guardaba en el silencio, gracias al cual lograría entender todo lo que aún no podía comprender.

Así fue como logré entender que las enseñanzas, las tragedias, los romances y todos nuestros encuentros nunca son en vano. También el dolor, la desdicha ajena y la energía negativa de los demás fueron piedra fundamental para entender esa capacidad miserable que la gente lleva dentro sin que sea tomada en cuenta.

No puedo negar que, en frecuentes ocasiones, sentir un sinnúmero de diferentes emociones ajenas o propias me hacía añorar ese mundo que yo solo me había formado desde niño, un mundo de sueños, de imaginación y fantasías. Pero al entender que ya no podía regresar en el tiempo, entonces comencé a actuar con cierta rebeldía y a buscar respuestas a preguntas más profundas y más difíciles de entender. ¿O será porque crecí en una época de rebeldía cuando el movimiento *hippie* buscaba transformar el mundo con su música y sus mensajes de amor y paz? Al caminar por los parques en compañía de los *hippies*, me llenaba de más preguntas que giraban dentro de mi propia rebeldía por no poder comprender por qué a la gente le era tan difícil apreciar los pequeños detalles o por qué existía el dolor al ver tanta injusticia y por qué ciertas personas tendían a pensar en forma tan equivocada y llena de prejuicios.

Desgraciadamente, luego de esa era, también llegaron los cambios en los que el mundo empezaba a volverse más egoísta, más materialista y más mezquino, sin que a nadie le importaran las consecuencias de separar las razas, los colores, el estado económico y las culturas. ¿Acaso esa época no suena algo familiar por lo que ahora estamos pasando también? El mundo no va aprender si seguimos confiando y pensando que el mundo tiene las soluciones de nuestra propia condición.

Las mismas preguntas que me había hecho hace años, desde mi infancia, me las volvía hacer una vez más: ¿se hace uno miserable o lo hacen a uno miserable? ¿Se vuelve uno más insensible o lo hacen a uno más insensible? ¿Lo hacen a uno más sabio o se vuelve uno más sabio?

Mi mente no dejaba de dar vueltas al volver a recordar que miserable tanto podía ser una persona que estuviera atada a algo o a alguien y no pudiera vivir en libertad, como también una persona que se hubiera desnudado completamente y ya no se la viera igual que a los demás por ser una persona transparente, sin lujos y sin pretensiones. Ambas posiciones traen sus propias consecuencias. Si no podemos vivir sin la aprobación de la gente, estaremos destinados a recibir lo que ellos piensen que es lo mejor para nosotros, pero si podemos vivir más libremente, sin ataduras, sin pretensiones, sin prejuicios y sin comparaciones, aunque la gente vea "que no tenemos nada", entonces habremos logrado la paz y la tranquilidad que solamente se da fuera de este mundo.

¿Quién es miserable?

Pienso que la condición del ser humano se va alterar a tal grado que la desdicha y la infelicidad van a estar más pronunciadas, porque los tiempos se han vuelto más violentos e impredecibles. Es como si fuéramos en una constante pendiente abajo de nuestros propios valores humanos y ya no existieran principios nobles que dominaran las esferas políticas y así se puede ver cómo alguna gente ahora busca vivir más desahogada y acomodadamente, saboteando y dañando propiedades ajenas (negocios) para lucro propio, sin necesidad de trabajar, o también cómo la soberbia y la arrogancia se han vuelto el protocolo para lograr todas las metas de los líderes (o aun las de todos los demás, siendo los líderes su ejemplo para seguir), sin olvidar que la moralidad, la conciencia y el respeto al ser humano ya no están teniendo el mismo valor que antes tenían durante nuestras actividades o relaciones.

Al ver todo esto que estamos experimentado colectivamente, solo me pregunto: ¿quién es el miserable?

Todas esas preguntas que saltaban en mi cabeza en los momentos más inesperados hacían que yo buscara la compañía de Soledad. Y así fue como Soledad se convertiría en la pieza más importante para enseñarme que cada encuentro, cada relación y cada experiencia traerían algo nuevo y que ella me ayudaría a descubrir el valor de cada lección si yo me procuraba el silencio para escucharla y así aprender siempre algo de esa nueva experiencia o esa nueva oportunidad, si lo hacía con una actitud positiva.

¡Dios nos guarde y nos bendiga a todos!

Para descubrir un poco más de lo que hay en mi mente, puedes visitar mi página web o mi perfil en Facebook o Instagram, así como también comprar mis libros o pedírmelos, si no tienes los medios para pagar uno. Como autor me gustaría escuchar sobre ti, porque nosotros los escritores dependemos mucho de las reseñas de nuestros lectores, más de lo que puedes imaginarte.

Si has leído alguno de mis libros, no olvides que necesito tu apoyo. A continuación, te dejo algunos de los títulos publicados.

- *Exceso de equipaje,* 2020, publicado por Palibrio;
- *Relaciones,* 2020, publicado por Palibrio;
- *La hora más obscura,* 2020, publicado por Palibrio;
- *The Darkest Hour,* 2019, publicado por Palibrio;
- *Disciplina & Gracia,* 2019, publicado por Palibrio;
- *Poesías e ideas de un viejo,* 2018, publicado por Palibrio;
- *La espiritualidad de un viejo,* 2018, publicado por Palibrio;
- *Ocurrencias de un viejo,* 2018, publicado por Palibrio;
- *The Midnight Hour,* 2012, publicado por God's Friends Ministries;
- *Discipline & Grace,* 2010, publicado por Intermedia Publishing Group;

- *Passion*, 2010, publicado por Intermedia Publishing Group.

Te confieso que aún tengo más manuscritos por publicar, pero anotar aquí los títulos sería cometer una injusticia con mi propia creatividad. Solo te pido que me apoyes con tus comentarios en Amazon, para poder continuar con esta obra y alcanzar mis objetivos.

Siento un amor inmenso por la vida y una enorme gratitud hacia Dios, por haberme permitido conocer a tantas personas y aprender a través de ellas.

Te doy las gracias por leer mi trabajo.

Atentamente,

Lightning Source UK Ltd.
Milton Keynes UK
UKHW011009210820
368606UK00001B/244